怎可以一生一世

霍玉蓮 著

怎可以一生一世

作者／霍玉蓮
責任編輯／梁柏堅
美術設計／陳詩韻
出版發行／突破出版社
香港沙田亞公角山路 33 號突破青年村
電話：2632 0000　傳真：2632 0388
電郵：breakthrough@breakthrough.org.hk
網址：http://www.breakthrough.org.hk
http://www.btproduct.com
承印／海洋印務
1996 年 5 月初版 1 刷
2013 年 10 月初版 13 刷
2019 年 12 月 2 版 1 刷

Intimacy Forever

by Anita, Fok Yuk Lin
First Printing, First Edition, May 1996
Thirteenth Printing, First Edition, October 2013
First Printing, Second Edition, December 2019

Printed in Hong Kong
ISBN 978-988-8562-17-6

誠邀閣下就突破出版社的書籍發表意見

歡迎加入突破書籍 Facebook page — http://www.facebook.com/btbooks.page

本書採用環保油墨印刷

生活與輔導

關懷、連繫、復和、

溝通、對話⋯⋯

凝視心之脈動，

直到重新尋獲自己的心。

目錄

第三章　尋尋覓覓

第四章　如何把愛情定位

第五章　直到明日世界終結時

第六章　風雨同路

第七章　但願細水長流

文序

「一生一世」，多壯觀卻又令人顫慄的詞語！每一個人只可以活一次，任何人若要作任何一生一世的付上、投入，豈能不以戰兢的心情處之！因此，不知多少青年人在戀愛多年之後，臨到考慮託付終身的關頭便感矛盾非常，當中更有人臨陣退縮，取消盟約，也有人在婚姻邊緣盤迴多年，仍下不了決定。

任何人也不會否認，婚姻確實是一件人生大事。在過去，上一代奉父母之命進入婚姻，他們沒有這個矛盾；今天，現代人慶幸我們可以選擇，卻見一對又一對年輕愛侶告訴婚前輔導員，他們害怕作錯選擇，怕選了一個後來會發現並不適合自己的對象為配偶。

我們憑什麼去決定進入一段一生一世的關係呢？盟誓既定後，又怎樣共度一生一世？現代人也許會問，是否一定要一生一世！

傳統中國社會的婚姻，主要目的是傳宗接代。既奉父母之命，便沒有機會選擇心之所愛，與之成婚。對他們二人來說，婚姻只是關係的開始。婚禮之後，他們便開始學習如何共處、如何相愛（縱使「相愛」未必是他們所採用的詞彙）。對他們來說，這段婚姻一經進入，便要維持一生一世，直至白頭偕老，所以無論如何，總得努力地取得「成功」。當中若有什麼「愛情」，也是由二人多年來由「無」到「有」，共同開墾、栽種的成果。對他們來說，是「因為結婚，所以愛」。

但好些現代人則認為，這不算是情，也不是愛。這種工具性關係，是沒有了自己。

於是曾接受西方思想薰陶的香港新一代，便從西方愛情觀尋求出路。西方人奉行自由戀愛，待找到心中愛，才與「適合」的人結婚。他們是「因為愛，所以結婚」，之後就假設可以「從此快快樂樂地生活下去」。結婚，似乎是一段驚天動地、盪氣迴腸的愛情故事的終結。所以在婚禮之後，二人都深盼起初浪漫的、夢幻似的、神仙境界似的愛情得以保持，對對方每一個熾熱的表達——每個親暱的動作、每個熱吻、生日時的花束、情人節的禮物——都看為是一個保證：他/她仍然愛我。故此，他們竭力的捕捉每一個愛的印記與痕迹，唯恐一不留神便會溜走。可惜，雙方愈是追求被愛，便愈把對方趕走。而更深層的悲劇是，人人把表達愛的語言局限在某些狹隘的標準動作內，像是患上近視散光，常對對方的深情視而不見。

什麼是情？什麼是愛？自有人類歷史以來，古今中外皆充塞着形形色色的愛情故事，它們給與我們大量參考例子，一如預先寫好了的劇本，指導着我們如何去愛，如何與對方相處；但也產生了許多疑問：生日不送花算不算是愛？共處時很少交談算不算是愛？為了節儉不肯與我共享浪漫晚餐算不算是愛？像我阿姨那離了婚的木訥姨丈，不會說半句哄人的話算不算不懂得愛？……如是者，我們建立了一個個「愛」的框架，然後努力的發掘、追尋，等候「愛」以某既定形式出現。

其實想深一層，是誰決定我們應怎樣與愛侶相處、怎樣相愛？誰可以替我們為愛寫下定義？我們似乎皆不由自主的被那些既定的框框所限制，必須扮演某些角色，或不得扮演某些角色；我們其實戀上了某種愛的觀念，某個「愛神」！我們應怎樣創造和建立一個只屬於二人的愛的故事？我們的眼睛似乎只看見理想中的「愛神」，看不見自己和對方。結果，我們否定自己，迷戀一個不存在的夢；同時也否定對方，要求他 / 她去成全我這個夢！

這使我想到主耶穌降世為人，由理念的上帝轉化為有血有肉的人，與世人一同生活，親身體驗同樣是有血有肉的人在世的各種悲歡離合，讓人直接經驗祂的實在，讓祂的個性、憐憫、關懷，以至對人的深愛，活活的存在人的中間。

上帝降世為人給我們怎麼樣的愛的啟示？人怎樣可以擺脱抽象愛情理念而直接認識對方？我們怎樣可以不再受某種「愛」的框框所限，享受與愛侶一起的時光？他一天做兩班工作又加班，是工作狂？抑或是對我的愛？若我們開放心懷，放開那些既定的準則，停下來細心察看、了解，或許我們會驚訝地發現，我們一直苦心追尋的所謂「愛情」，原來近在咫尺！

《怎可以一生一世》是一本不可多得的好書。霍玉蓮在本書中，嘗試從不同角度、不同文化、不同時代領域，去了解和探索男女之間的關係。她不單就不同的愛情觀作出深入的剖析，引導我們思考其中的謬誤；同時又帶出，在二十一世紀，人們既否定過去的觀念，又無清晰觀念替代的當兒，人在男女情愛及婚姻關係中所面臨的惶恐及無所適從。其中我特別喜歡玉蓮以流暢的筆觸，深入淺出的描述男女關係的錯綜複雜，以及當中的光明和幽暗面。藉着靈活的分析，玉蓮吸引我們以好奇的心情隨着她，就着這一生一世的課題，踏上一段豐富的探索旅程。最後，她沒有讓我們停留在探索中，在本書的末章，她提出一些應繼續關注的領域，並提綱挈領地點出一些建議，讓我們可以繼續思想，並帶給我們希望的信息 —— 如何把這嶄新的愛的關係和新的家庭文化，透過愛的教育傳遞開去。

在此我謹祝玉蓮的理想得以成全，也呼籲讀者與玉蓮一同迎接這個挑戰。

文盧麗萍

心理輔導員及家庭治療師

吳序——但願人長久

轉朱閣　低綺户
照無眠　不應有恨
何事長向別時圓
人有悲歡離合
月有陰晴圓缺
此事古難全
但願人長久
千里共嬋娟

蘇軾〈水調歌頭〉

坐在客廳的沙發上，呷着熱茶，細聽王菲演繹鄧麗君的名曲〈但願人長久〉(編自蘇軾的〈水調歌頭〉)，儘管腳前是滿地的玩具與兒童書，看似一片凌亂，內心卻是出奇的寧謐和感恩。「但願人長久，千里共嬋娟」，對於歌詞中這兩句話，我突然有一份深刻的嚮往。我對自己説，這地方是我的家，這裏的每一個人，我的太太，我的孩子，都是我所深愛的，我們若能永遠在一起就多麼好。

未幾太太和孩子回家了。孩子們如常爬到我的膝上嚷着要我講故事，太太如常的邊到廚房做飯，邊告訴我今天的菜價和肉價。我那份美好的、寧靜的心情好像突然給岔亂了。噢，原來真實的生活不是那麼羅曼蒂克的。開門除了柴米油鹽等七件事，還有太太和一天吵過不停的孩子。

但很快我的心情又美好起來。人只有一生可以活，只有一世可以與所愛的人共處，這樣每一個片段、每一個時刻都是那麼獨特而珍貴，永遠不會重複，更是不可以回來。我想到孩子是會長大的，他長大後就遠走高飛了，他只有不多的時候坐在我的膝上，這樣我又何須嫌棄他們的麻煩？我的太太也不能永遠做飯給我吃，至少她上班的日子就要菲傭代勞了，我又豈能不快快樂樂的吃她的飯！

天長地久和一生一世原來不是相對的，這是我最大的一個發現。天長地久是發生在每一個片段裏面。它是一種心情，一份態度，一個生活的取向。生活只有一生一世，婚姻和家庭生活也如是，但只要我們存着珍惜與投入的心，這短暫而有限的一生一世，也綻放出天長地久的花朵和果實。

盼望霍玉蓮的《怎可以一生一世》，能帶給你更多的啟迪與靈感。

吳思源

愛百合牧養總監

自序

一個充滿繁思繆緒的下午，與一位朋友共進午膳，談到想像自己十年後變成怎樣才會心滿意足。我頓然感到，倘若十年後，我尚有寫詩的心情，我就心滿意足了。在煩囂的都市中，詩人是瀕臨絕種的；為了情感的抒發和偶然的觸動，自己也曾寫下了詩作數十。我覺得詩人有憂有喜、有哀有怒，與生活的感觸細緻地連繫在一起，對生命更加有一種因愛慕而失望、因擁抱而難過的難捨難離。詩人，如畫家、如舞蹈者、如歌者，一樣保留着善感的靈魂。

怎可以一生一世？能夠對生命珍惜、讚頌而戰鬥，就更能夠對至親者執著、愛護和珍惜，哪怕當中也許有爭執、有眼淚？怎可以一生一世？現代人不輕信親密關係，現代人不容易相信婚姻。現世代的新男性、新女性交談間，心底總存有一層質疑、一層惶恐。質疑的是：人既相愛，又何必結婚？惶恐的是：倘若我與你携手盟誓，在廣大親友面前許下種種諾言，善變的我們又能否一一兑現？

在古代，婚姻被視為人生的必經階段，為下一代開枝散葉的途徑；在現代，婚姻的社會功能轉變，從前附有的教化、經濟、生育、養育、行孝等家庭功能都一一解體。兩口子相愛結合同居，剩下來的只有愛情和性的滿足，許多新一代少男少女都拒絕生育下一代，婚姻制度受着前所未有的挑戰，人間親密的情愛關係如何重新定位呢？

自畢業以來，我不斷思考人的問題、人性的問題、人間情愛的起伏和創傷，四周朋友的故事都叫人沉思，叫人傷感。《怎可以一生一世》就是這樣孕育和構思的。

寫給誰看呢？我想我是寫給天下有情人看的。想來有兩類人應對這樣的題目有興趣。第一類人肯定人生要追求永恆的愛，想尋找和學習「如何」達至這個理想。第二類人雖然渴求人生愛侶相親相戀，永不分離，可是在人性的複雜詭秘、人間的隔膜疏離中滿腹疑團，百思不解。這本書其實也代表了我個人的反思歷程，也是我多年來對信仰、生活及心理學的結合的一個起步點。無論你心裏抱着什麼願望看這本書，也盼望這本書能與你作一場真摯的對話。

人生，數十寒暑，親密的人，給我們帶來幸福，也帶來痛苦。什麼才是生命中不可或缺的呢？三月來臨，杜鵑啼血，滿山滿野桃紅泛紫，天氣很不穩定，乍暖還寒。悠悠然想起幾年前即興而作的一首詩，當時正身在蘇格蘭的旅途上：

薄霜如鹽　撒灑
在濃濃的草場上
羊兒卻不知冷暖　緩緩啜飲
「羊兒不怕冷壞了？」有人在乾着急
而你卻訕笑：「豈是忘了
牠們穿的是 100%pure wool？」
我就笑了
在這充滿詩情的冬日

完成這本著作，我十分感激士齊和好友的支持和鼓勵。還有此書的編輯梁柏堅弟兄，他眼神閃動的光彩，和嘴角泛着的暖意都令人感動。願世間的溫情暖意超越一生一世。

霍玉蓮

再版序

「怎可以一生一世？」這問題，代表了現代人對愛情的懷疑；也代表了人在現代生活過後，對人自我之限制的深刻歎息。然而，這亦表達出一種渴求——一種面向永恆的渴求。

人唯有在真正的地獄經驗中，才會想到自殺。一旦嘗了天堂的滋味，就會盼望永恆——兩個熱戀中的人，就正好有這種滋味。可是，對人生的蒼涼現實看得深刻的人，就知道人在這事上，還是處於被咒詛的境地：一旦熱戀完結，賸下的只是蒼白無力的現實。這現實就是，這個社會亟求愛，但愛的文化卻又極度虛弱扭曲。

過去，我們可以將一切問題歸罪於盲婚啞嫁，一切婚姻悲劇都是封建婚姻的結果。於是我們便矢志一心過渡至西方現代愛情神話，滿以為有了自由戀愛之後，一切也就……然而人世間根本就沒有完美，自由戀愛變成了自由亂愛、自由離婚。人在自由中發現，自己沒能力愛到底、愛得專一；另一方面，又發現自己以現代愛情的謊話，掩蓋心底的封建殘餘。就像許多還沒真正現代化的中國大男人，仍希望妻子放工回來仍會繼續「湊仔煮飯」，享受這種要女性承擔雙重角色的一生一世！若還容許「包二奶」，那就比艷陽天更美好。封建，原來不是外加的，而是藏於我們骨髓內。在這種心態下説一生一世，就變成了對神聖婚姻的嘲弄。

現代人（尤其是女性）更敏感於這謊言，於是只好加速進入後現代，活在沒有愛的孤寂，以行動打破現代愛情的謊話，及其所掩蓋的封建殘餘。然而，當過渡至後現代的情感廢墟後，現代人卻發現前路茫茫。沒了愛，生命就沒了力量。

我佩服妻子玉蓮的勇氣，敢於向這個人人「出快書、搵快錢」的年代，嘗試認真地探討有關愛的課題。由於書名及主題的緣故，我早就對她説，這書一定有讀者，再版只是遲早的事。但真誠的讀者看下去就知道，這書不是靠一些噱頭來吸引讀者的。娛樂大眾不是這書的目的。真誠地説，這是一本另類著作，它為讀者提供思考元素及空間，有助提升讀者心靈。以市場學的角度來説，這是一本有 upgrade the market 功能的著作。

然而，從更體貼（personal）的角度，這書更是玉蓮自己對生命之至美與至善的追求。不知讀者看時，可有感受到這一份執著？所以這書提出的其實是一種終極關懷：愛的根源在哪裏？在這根基上，可以有怎麼樣的愛的文化？正如另一位評論者所説，這書不關乎愛的實際招式，而關乎愛的內功心法。因此，這書的氣質，不僅是踏實的，也是浪漫的；書中的叩問，不僅是實用的，也是深刻的；玉蓮所懷抱的，不僅是一個夢想，也是一個遠象。整體來説，這書的性質，是辯證對話的（dialectical）；從追尋叩問到深層觀念探索，以至到實際問題處理，它對讀者的要求，是思考，是投入。這裏透露的，不是一種野心，企圖囊括一切，疏解一切；而是一種胸懷，一份抱負，向那終極的上帝，叩問這個近乎人生終極的問題，然後再與你分享。

而我最喜歡書中這一段：「生命，是一個歷程；二人關係，更是一場波濤起伏的歷程。愛，是一回拯救，也是一場陷阱。人天賦與人契合的仁格，但完整仁格時常熟睡，需要甦醒再甦醒。在二人關係的起伏和仁格的甦醒中，我們會不斷發現人之所以為人的重心和生命動態的意義。在這個歷程中，你會無可避免一再接駁愛的能源和明白創造的本意。」即或接駁不到，也願我們明白自己與這愛的能源相距多遠，從而成為超越歎息的動力，向這愛的能源，以及祂起初造男造女的本意再出發。而這，也就成為我們看這書及生生世世追尋這問題的原因。

陳士齊

前浸會大學宗哲系高級講師

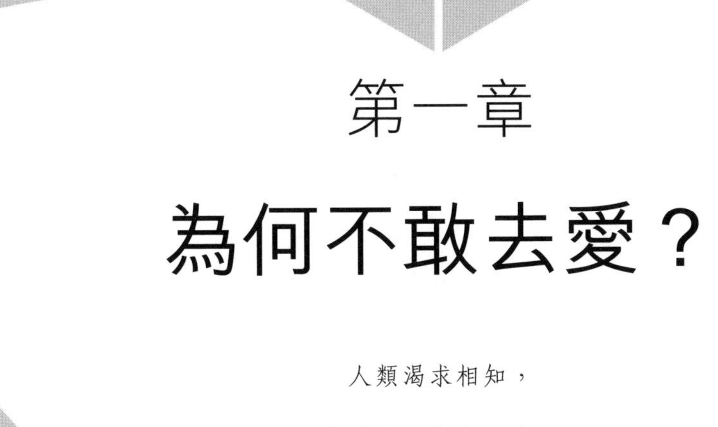

第一章

為何不敢去愛？

人類渴求相知，

又害怕自己變得透明……

在親密關係中失去了自己，

失去了自由，

失去自我掩飾的保護罩。

時代的攝錄機

「別離沒有對錯，
要走也解釋不多，
現在説永遠已經很傻。
隨着那一宵去，
火花已消逝，
不可能付出一生那麼多……」

一首《現代愛情故事》道出了人們對愛情質疑，對永恆的追求感到幻滅和頹喪，火花式的短暫情愛，轉瞬即逝，現代的青年男女，仍舊紛紛在談戀愛。可是，現代人大部分都不敢相信永恆的愛情，更不肯亦不敢為愛情付上一生一世。不是人類心靈「在乎」或「不在乎」的哲學，而是，一種「求不得、愛別離」的愛情幻滅。

試細細環顧你周圍認識的朋友、鄰里，你聽到怎麼樣的愛情故事？假若有一部時代的攝錄機，將會錄影了怎樣的愛情故事？上星期在火車上遇到一位久別的朋友，無意中，又扯到結婚戀愛的話題。她一連點出四位朋友，都遇到婚變或婚外情，每一個人都有自己的故事，千絲萬縷。一個月前，一位好友心情十分鬱悶，詢問我一個難題：她的好朋友不知怎的愛上了一個有婦之夫，彼此熾烈相戀，無怨無悔。只是，不慎懷了孕，唯有到醫院墮胎。無暇去澄清許多細節，只是那位有婦之夫與太太到醫院探病，大家若無其事。不知就裏的太太還十分熱切同情，我的朋友自責自己是否應該閉口不言，讓這場悲劇演下去。

五年前，我一位認識多年的朋友，婚後移民外國，輾轉間愛上了一名外籍男士，補償了她婚後容忍多年的感情空虛。夫婦倆溝通流淚，打罵掙扎，又合又離，當事人對自己逐漸感到陌生，許多疲累傷痕，錯綜複雜。三個人的故事，有三個不同的版本；而下半生，總擺脱不了這一場無法扭轉的唏嘘。

在我輔導的工作中，許許多多的夫婦愛恨交纏，有不少人亦曾努力為婚姻為對方付出、投入，數年婚姻，輾轉起伏，怨恨交纏，説不清誰是誰非。

走普及大眾路線的《東周刊》有一期「東周熱線」，探討現代人的愛情觀。記者做了一個問卷調查，以電話抽樣訪問了一百名年輕人，男女各半，年齡由十八至三十歲，得出的結果是：

超過六成的人，不相信有永恆不變的愛情。

超過一半的人，不相信婚姻。

接近六成的人，認為事業比愛情更重要。

接近七成半的人，不會為愛情犧牲一切。

接近四成的人，曾經同時與超過一名異性拍拖。

以上的電話抽樣訪問，可以看為現代香港社會現象的一輯速寫。現代社會，是否已經再「沒有」愛情故事？

二人相親相愛，白頭到老，是否已成了一樁無法實現的神話？

自古至今，人類是否在情愛的渴望和幻滅上，不斷不斷的打圈？當中有沒有一點亙古不變、宇宙永恆的真理給我們啟蒙？

否則，我們是憑血氣、憑情緒，抑或憑理智、憑實際效益進入情愛的世界，面對我們周圍的故事？

後現代社會患了愛無能病

《世紀末城市心》的作者麥成輝形容世紀末城市有兩大「愛的疾病」：其一是愛滋，其二是愛無能。確是一針見血。很喜歡書中一段文字：

「世紀末城市人最大的病態便是太多性，太少愛。

愛是什麼？

愛是一種勇氣，一種靈性的激盪，一種氣質的牽引，一種樂意的犧牲，一種無悔的付出，愛可以超越男女，愛能夠發生於何時何地任何關係能夠永不止息。」[1]

現代社會，看似愛情泛濫，但麥成輝的觀察實在十分尖銳。現代城市人是否早已失卻了「愛」的勇氣、「愛」的心靈？筆者隨丈夫到英國進修，留學七年；闊別七年，返回香港，一下子在香港的土地上忽然嗅到一陣很濃厚的虛弱氣息。人們表面勤力工作，競爭廝殺，但心靈裏卻沒有十年前擁有的那種跳動的脈搏，天真信賴，敢於付出的豪情；在土地上悄悄蒸騰瀰漫的是一種懶怠、衰弱和困倦的呼喊，三十歲便喊蒼老無能無助的心情。這種虛弱無能不信任的氣息是隱約的、內藏的，是不容易在表面察覺的、難於在人前洩露的話題，一種虛拂的神態，很不在乎的眉梢眼角。這份虛弱的氣息激動、挑戰我，使我悸動、不安。

難道這就是近年流行的一句所謂「末世紀風情」？

地鐵火車，人潮依舊熙來攘往，人人加班、兼職、超時工作，鐵人一樣。播音員重複呼喚：「請小心月台與列車間的空隙。」我們正正踏在歷史過渡的空隙上，歷史的軚盤似乎並不任由我們掌握，一句話：焦躁、混亂、空虛、寂寞。

我深深地感觸到香港人在沸騰的生活節奏中，在急速的經濟活動下，有一份深刻的蒼白無能感。有的是勤力而沒有魄力；有的是現實而沒有理想；有的是空虛艱難，而沒有心靈富足；有的是恐懼危機，而沒有摩拳擦掌。做人尚且感到很費力，更遑論談愛？人人都渴求無條件的愛、被愛，卻不能愛，也不敢愛。麥成輝說得對：世紀末城市人最大的病態便是太多性、太少愛。性行為可以純粹是生物性衝動，可以成為緊張矛盾及鬱悶的宣洩，但愛的情操卻依仗人內心心靈富足，自內心源源傾流的滾滾江河。

愛、情、慾

現代人談情說愛的時候，有兩個現象。第一個現象是把所有情、愛、性、慾等各種觀念混淆；第二個現象是把情愛、性慾等觀念截然二分。

先說一說觀念混淆的現象。縱觀香港社會的文化事業和傳播媒體，打開報章、雜誌，觀看電影院廣告，「愛的禁區」、「色情架步」、「愛到發燒」、「愛得徹底」、《霎時衝動》、《慾海狂潮》、《不道德的禮物》……許多標語、片題或小說內容，大部分為迎合讀者原始的性慾需要，而大事渲染誇飾。香港在全世界電影產量佔第三位，僅次於美國荷里活和印度，可惜，大部分產品屬於粗製濫造。不需要請一個什麼道德高尚的聖賢來作出評價，只要找一個極普通極普通的小市民就可以作出判準。有一次，我上午休假，在一間快餐店聽聞同枱的兩個男人對話。兩人看來四十上下，看似地盤工人或裝修師傅的打扮。二人懶怠地無所事事，談完近日的賭運不濟之後，其中一位勸說對方到附近一間電影院看電影，二十五元，可以看一整天，當然是重播又重播的三級片。

「哦，我也知道，我間中也有去，二十五元，可以躲一天，睡一大覺。唏，其實，看來看去，也沒有什麼好看。」

這個忠實的觀眾兼「影評人」的評語真是中肯而又精彩！這時候，對這個大叔來說，他最需要的不過是這位夥伴勸他如何解悶的一種關懷，這種關懷就是人人共有的惻隱的善心，可以開花結果成為愛心。

現代社會，如何把性慾情愛等觀念混淆？性慾本身是人天賦的本能，可以引發成高貴的素質，本身並不可恥。然而，把人類性本能抽離人的整體情意，二人接觸的時候，沒有平等尊重的基礎，不以對方幸福為着眼點，單單集中此時此刻的情慾發洩，也不計算責任和後果。一夜情後，起牀各散東西，不敢面對對方，不敢面對明天，這種性慾的發洩與性愛相去十萬八千里。

靈慾二分的謬誤

到底愛、情和慾之間有何關係？為何今天青年人內心說：「我想佔有你」、「我想經驗一下性慾高潮和侵略他人的雄風」時，口裏卻說出「我愛你」？（說出「我愛你」這個隆重的表達時，內心卻從沒有計劃如何為對方謀求幸福！）

到底是什麼一回事？

一個具有完整人性的人有着各層次各方面的本性。包括慾性、感性、情性、知性。這各方面的本性可以發揮而成為意志、義氣、愛心、智慧，成為古今歌頌的人性的充實完成。有些民族和宗教追求人性的至真，有些追求至善，有些追求至美；但總的而言，跨越今古中外，人們都對一種人性充分體現的方向，趨之若鶩。人文主義心理學大師 Carl Roger 稱人性完成的境界為自我實現（self-actualization）或自我滿足（self-fulfillment），儒家聖賢稱之為「仁者至善」，古代禪師稱之為無執無慾、天人冥合的化境，基督教稱之為愛，「你們在我裏面，我也在你們裏面。」[2] 完全的愛的契合。

不同的哲學思潮對人性體現的內容也許有所出入，但總體來說，古今先賢智者都似乎認同人性有如一塊膠泥，或一團麪粉，會發酵、變化，經過搓捏、雕琢，經歷一段鍛煉的過程，而達至一種美好的體現。

一個嬰孩生下來就有情性、慾性、感性、知性，可以與父母、人羣、環境接觸和交往，卻未懂得意志、義氣和愛心。幼童會在鼓勵、培育和教導下，才肯遞過大杯的雪糕杯請媽媽吃，又要不斷鼓勵和學習，才樂意與小朋友分享玩具。兒童發展心理學是一門有趣味而奧妙的學問。近年，就兒童發展的目標和培育過程的哲學系統也興起不少爭議。無論各派學説如何，一個會選擇的主體始終是一個謎，也是人之所以為人，不是玩偶的最可貴的地方。

我想人的本性代表着多種無可估計的潛能。人的主體選擇，加以後天培育，發揮起來，可以為善為惡。單就人的性情慾望本身，並無好壞。試想，人有慾性才有進取的動力，才能顯出愛心的自主和取捨的偉大；有情性才有愛心的推動能源；有感性才能感知他人的憂喜世界，彼此欣賞、交流；人有知性才可以在愛心的路途上辨別是非，作出抉擇。相反，人的慾性、感性、情性、知性，都可以被濫用，變成踐踏他人，糟蹋自己的手段和工具。

今日社會，教會高舉愛，忽略情，貶抑性，而城市人卻趨向於濫慾、縱情，卻無能去愛。這些性與愛的無謂對立，其實源於希臘的二元哲學和西方的禁慾思想。以柏拉圖（Plato）為首的希臘哲學主張物質與精神對立，靈魂超越肉體，肉體是可腐朽的、衰殘的、低下的，靈魂是恆久的、不滅的、高貴的，二者對立，強調肉體的就是低下的、世俗的愛，強調精神結合的就是高貴的、神聖的愛，這種二分思想完全違反猶太民族歷史重於觀念的辯證文化傳統，也並非耶穌基督所提倡人心靈肉體整全合一，互為牽連的整合的、交流的愛。所以，耶穌說：凡看見婦女動淫念的就已經犯了姦淫，精神思想和肉體行動並不分高下，不可分割。

早期教父，受着希臘哲學和受斯多亞派（Stoicism）二元觀影響，把性愛與精神靈性對立，倡行禁慾主義，一羣追求心清意潔的修士，視情慾為洪水猛獸，無法馴服，只能禁絕和壓抑。歐洲社會流行禁慾主義，中國道家主張無欲無求，退隱山林。可見，自古至今，中外修身之士都意識到人類欲望的澎湃潛力，因而主張禁絕、懲罰和壓抑。禁絕、懲罰、壓抑只是否認人的慾性，刻意控制卻是否能有效地面對人的本能？和尚偷吃豬肉、嗜酒，天主教修士發生桃色醜聞，可見禁慾只是把人推入否認本性的掙扎漩渦，而不能整全地面對人性，開啟人性。

現代社會對人慾性的處理手法卻恰恰相反，不是加以壓抑和禁絕，反而大肆推崇和誇張，翻開香港電視電影目錄、城市暢銷週刊，就可以看見城市承認和褒揚人慾性的面貌。

《慾海肥花大揭秘》、《食得也瘋狂》、《為食到飛起》、《亂馬1/2》、《龍珠》、《蠟筆小新》各種電視節目、漫畫報刊，把色慾、食慾推崇備至。《壹週刊》和《東周刊》兩本普及雜誌，從城市資訊、時事和八卦路線競爭到三級影星半遮半掩的封面特寫，專揭性私隱和性醜聞，都是嘩眾取寵的手法，反映着某種城市面貌。一九八九年諾貝爾文學獎爆了大冷，得主並非呼聲最高的米蘭·昆德拉（Milan Kundera），而是西班牙小説家何塞·塞拉（Camilo Jose Cela）以一部可怕主義作品《帕斯庫亞爾·杜阿爾特一家》獲獎，該小説充滿刀光血影，暴戾肆虐，人性扭曲，有如禽獸，令人怵目驚心。這樣的文化氣氛，給我們什麼啟示？第十八屆國際電影節抽選的三齣電影作特別首映，與法國名片《藍》和《白》齊名的是《盪女 Kika》。《盪女 Kika》是一齣在西班牙天主教國家嚴厲鞭撻性與色情的背景下拍攝的一齣電影。電影中把性慾昭然、公然、若無其事地陳列：大開玩笑、姊弟亂倫、丈夫偷拍妻子被人強姦的錄像、父子分享同一個性伴侶。電影不斷加插一節《牀底下乜都有》的變態電視節目，使人聯想起香港電視台的《乜都有》、《睇真 D》等所謂大揭秘節目。整齣電影坦白無情地呈現扭曲的倫常關係、夫妻關係，社會對個人的視若無睹，誇張的性、殘殺、暴力、死亡，人倫關係壓縮成為一頁飄在地上的廢紙，可以踐踏，可以大開玩笑，有如對世紀末一個咒詛的預言。

有這樣的導演，腦海中有這樣的原始和狂野的意味，才可以拍出這樣的電影，公然的搬上國際電影節，這個電影背後的事實使我更加顫慄和不安。

倘若人類全部傾向慾性層次生存，人類畫面將會如何的慘澹無情？

「世紀末的愛無能病，是一種精神墮落，一種怯懦情意結，一種向權勢的認命，一種放棄理想情操的妥協，一種讓性主宰愛的樂趣，一種自我嘲諷的反高潮……愛滋病破壞人的免疫系統。愛無能病摧毀了愛情理想能力。」[3]

現代人在搞笑縱慾的行為下，掩飾着一層矛盾的苦楚：需要愛，卻無能付出愛；渴求愛，卻不敢愛。在需求和乾涸的心靈空隙中吸取着人工氧氣，在表裏不一致的張力中自欺欺人。離婚、酗酒、豪賭、暴力、機械式操作、脾氣暴躁、三級片、瘋狂消費……都不過是苦楚的代號，比古代受壓迫的農奴的「活着」，現代人的「活着」已成了沉疴。

在現代社會的緊箍罩底下，又如何去談論長相廝守？

教會承襲了「靈魂——肉體」二分的割裂觀念，高舉愛心，貶抑性慾，禁忌性愛；然而，身處現代社會的現代人每次感染着一種誇張、嘲弄、渲染的性慾文化，同樣把性與愛，情與慾混淆、二分，使人感到內疚、困惑，否定本性，無所適從。

面對現代城市面貌，愛情觀和人生觀普遍混亂含糊，我們需要一道清泉，提供一條清新的、結合的、整全的、符合人被創造本意的出路。

從二分概念回到辯證歷史愛情觀

一個整全的人，性慾、愛情、靈性、肉體都不可分割。人生，是一次高低起伏、蜿蜒曲折的歷史旅程，猶如一條小河，綿延千里。愛情，是人性一種高度體現，決不是一種靜止、滿足的理想狀態，而是一次驚險刺激的旅程，結連着人生的歷史。人生，是喜樂憂愁達觀的反復延伸；愛情，也是愛恨、好惡、復和合一的交疊循環。

接着我以表列方式，點出二分概念及辯證歷史的愛情觀點，有何不同：

二分概念式愛情觀	辯證歷史式愛情觀
1 愛情是固態的、概念的；	1 愛情是動態的，是人生的體驗；
2 愛是一種感受，或一種理想狀態；	2 愛是一場冒險的歷程；
3 愛是巧遇的、天賜的、是上帝的旨意或命運的安排，與自我的成長和努力無關；	3 愛與人生與自我不可分割，愛與自我成長息息相關；
4 有性無愛，有愛無性，可以劃分；	4 人格、性慾、愛情都是人生歷程的體現，緊密結連；
5 愛是完美的概念，符合客觀標準、理想要求；不符合標準要求，有時等同犯罪；	5 愛情有喜有憂，有神性、有魔性，二人不斷共創、更新和體認；
6 愛等同良好的感受，所以遇見困難，尋求迅速解決，尋求滿足即時的需要。	6 容忍愛恨交加，難題未必能即時解決，面對矛盾張力，以全人去投入、體現、化解，達至全人人格靈性的擴展。

上述的概念是筆者多年反思、觀察的初步結論，其中辯證歷史式的愛情觀念可能更近乎東方圓融及重歷史的人生觀，與猶太文化、中國文化可能更為吻合，以後各章會再詳加探討。

蜿蜒的歷史：提升與陷墮

人之所以為人，生命之可貴，在乎人的自體，可以抉擇自己的提升和陷墮。

《聖經》裏稱之為：自由意志。

人若生而為一個純潔的天使，完全沒有妄念、歪念，沒有能力犯罪，便只不過是一個千年不變的美麗公仔；人若生而為魔鬼，沒有抵抗邪惡的能力，無法選擇塑造自己人格和生命旅程，那麼，上帝確實是一個大魔頭，把人放置在一場痛苦相殘的絕望戰爭中。

然而，人可以自主，所以人才有自尊和尊貴。

對人的本性，我們該如何認識和持養、款待？因為我們不是魔鬼，所以我們可以友善地對待自己的本性，賦與友善的微笑，包括慾性在內；由於我們不是天使，所以我們也得對自己的本性存有誠實的戒心。

中國傳統文化在人格的學問上着重一個詞語：「修養」。在現代社會的字典中，這個詞早已銷聲匿迹；對於下一代的青少年人，在腦海中完全沒有「修養」這個名詞。西方心理學提倡善待自己，就是自我照顧（self-care）、自我培養（self-nurture），其核心觀念就是誠實認識自己的需要和面對自己的需要，用友善的態度去滿足自己，善待自己。這個西方觀念可取的地方就是能坦白誠實地正視人種種生存的需要和慾望，可是大部分西方心理學理論都本源於人文主義，對人性抱着完全樂觀的思想，豈不知人的慾望有如一口深井，有着無止境的飢渴！

中國人對人格修養的認知，其實對人性有着相當深入的了解，所以琴棋書畫、怡情養性，是對人性很友善、很通達的提升的學問，及後儒學太重視克己復禮，那人生修養的學問變成外在禮儀的強加，而不是發自內心的真情真願。今時今日，西方的心理學善待自己的觀念與中國修為、持養的觀念可以交流、互補，去正視和調養人性的本質（見下表）。也許，中西文化哲學、心理學對人本性的探索可以再進一步融會貫通。

食慾	**陷墮**：癡肥、上癮（例：可樂、咖啡、朱古力） **提升、培養**：精神魄力、健康
性慾	**陷墮**：妄念、淫念、性侵犯、強姦 **提升、培養**：身心靈滿足，人倫親密關係高尚境界
情慾	**陷墮**：佔有、嫉忌、恨怨、鬥爭、自虐、萎縮 **提升、培養**：忘我、犧牲精神、完成人間的美善、自我成長
名利慾	**陷墮**：手足相殘、勾心鬥角、無恥虛偽 **提升、培養**：上進心、成就、自尊

人性原本是一個戰場。情愛，根源於人性心靈的深深處，固然，也是一個戰場。

但丁（Dante Alighieri），一個古代的哲者和詩人，憑着對生命的觀察和睿智完成了古典而曲折的《神曲》，波瀾起伏，寫的就是人類情愛慾海的一篇詩，點出了人類情愛的神性與魔性，交疊糾纏。許許多多雋永深遠的古代文學作品都涉及人性及情愛的探討，完成一篇又一篇唏噓、諷喻、喜怒哀樂的情愛詩章。我們又可憑藉什麼滾過人生的戰場，而尋着洗滌靈魂的愛、永恆不息的愛？

親密關係的起點？

「尋尋，覓覓，冷冷，清清，淒淒，慘慘，戚戚。」女詞人李清照一闋〈聲聲慢〉，唱盡人間心底簡單而原始的淒絕纏綿。李清照喪夫以後，流離浙東，孤苦伶仃，這首詞是她飽受憂患、感懷身世之作。「梧桐更兼細雨，到黃昏點點滴滴。」抒發了許多在孤苦寂寞中的渴求。

所求的是什麼？是人間的情和愛，想那依伴、可信賴的人，想人類內心脆弱、空洞、悽惶心深處，渴望尋覓的歸宿。是親密關係，是獲得親密的人相互了解、愛護、關懷、珍惜、重視。這豈不是古今宇宙的人類永恆的渴望？

親密關係（intimacy）又是什麼一回事呢？"Intimacy" 一詞字根源自拉丁文的（intima）。"Intima" 一字的意思就是 "inter"（拉丁文之「內在」）、"innermost"（內心深處）的意思。T.P. Malone在他的著作*The Art of Intimacy*中解釋「親密關係是感觸到人內心深處的自我核心」[4]。人在孤苦流離中，或在現代社會疏離的社會體系中，尖鋭地體現自己作為一個孤立個體的孤絕倉皇，而渴求尋着一位知音，能夠彼此感知對方內心的深處；響起共鳴，有如山澗流水，有如婉轉的樂章毋需言語，頜首滿足。「人海之中，找到了你，一切變了有情義，從今心中，就找到了愛，找到癡愛所依。」可以説，這是一種相知相惜、相依相屬的親密關係。如此一種關係，是否世間難求？

多年前，我曾經領悟到人間情愛的掙扎，而寫下：「人不能愛，所以人在世間尋尋覓覓……擁抱和決絕，滿目迷離。人，自內心底渴求圓滿的關係，一是生死不渝，無怨無悔，自我交付，渾成一體，是戀人的關係；一是相知相悦，冷靜清澈，如樂章的回響，如海濤的回旋，綿綿不絕，是朋友知己的相互提携。」[5]

然而，人間的親密關係是艱難的藝術，人一方面渴求，卻又惶恐；一方面追捕，同時又迴避。「人愈是親近愈發覺不可親近，在付出中傷痛恐懼，在佔有中嚴酷倉皇，人嘴裏喊要關係平等，心裏卻存着擄掠和征服的慾望，在付出時企圖佔有，在奉獻中意圖褫奪，展開無休止的爭戰。」[6]

二人融為一體的渴求始自希臘思想家柏拉圖。在他的論著《會飲篇》(*The Symposium*)中，他提及一個寓言故事，講論者Aristophanes説原始人本來有兩個頭，兩雙手，兩雙腳，兩副性器官。因為這些原始潛力無窮，天神Zeus很嫉妒，很受威脅，所以把這些原始人一分為二。從此，每個人都感到自己殘缺不全，時常渴慕尋找那失去的另一半。

柏拉圖的思想一直影響古今中外的求偶思想，人類都在渴望那位使自己完整的另一半。

人渴望與另一個人融為一體，完全是一種非理性、深入骨髓的渴求。心理學家把人類這種需要追溯到人類的胎盤經驗——人類自胚胎成形時期在母體與母親合為一體，吃同一樣的食物，飲同一樣的水，呼吸同一樣的空氣，這種胎盤經驗根深蒂固地使人渴求回到這種二人同體的安全溫暖的境界中。

姑勿論是心理學的研究，或柏拉圖的寓言故事，同樣地指出人類渴求被需要、被保護、被珍惜、被愛，以致消弭分歧，彼此完全投入接納，似乎這是人性的基本需求。

西諺説：愛是一種生生世世的感覺，相愛者盼望二人融為一體，永不分離。

這是人類尋尋覓覓的終極渴求，可惜人類卻又同時害怕親密的關係。人類渴求相知，又害怕自己變得透明，害怕對方把自己的動機、心意、強處弱點，都看得透徹；人害怕在親密的關係中失去了自己，失去了自由，失去自我掩飾的保護罩。在我輔導的個案中，常常遇見夫妻雙方對親密關係的憧憬和拒絕，產生極複雜的矛盾。

《聖經》上有一句很深刻的説話：「愛裏沒有懼怕；愛既完全，就把懼怕除去。」（〈約翰一書〉4:18）從前年少時，對這句話十分不理解，心裏只想着愛裏沒有恨，有愛就沒有恨，因為愛和恨似乎是死對頭，俏冤家。年事漸長，逐漸明白這句説話的精意，愛實在是一種以對方幸福為着眼點的無私付出，在付出當中有極大的冒險成分。

人在無私的付出當中，首要的惶恐是失落感，恐懼產生於由期望帶來的失望，有時害怕自己看錯了人，信任破產，被出賣，被誤解，在奉獻和犧牲之中得不到合理的認可和回報。許多輔導個案中，夫妻關係的起始點常帶着良好的動機和願望，以及許多犧牲和努力。有時太太犧牲自己的精神、時間、興趣、社交生活，去取悅丈夫，維繫家庭，久而久之，對方看為應分的付出，沒有半點認同和讚賞，帶來太太的委屈和失望；同理，做丈夫的放棄自己的興趣、自由和理想，辛勞的建立家庭，到頭來得不到讚賞，換來是批評抱怨，那受傷的感覺有如萬箭穿心。婚外情是種種失望、挫折、被出賣的最尖銳和具體經驗。所以，許多夫妻可以捱窮忍餓，甚至容忍暴力或精神虐待，然而一旦遇上婚外情，便忍無可忍，這是由於在愛的冒險中遇上了最大的失落經驗。

其次，即使是最滿足和愉快的相愛經驗，也有另一種可懼的失落感，就是人生無常，諸如配偶患病、交通意外或分離、死亡。美好的事物並不久留的失落感，也往往帶給人愛裏的恐懼。

再者，愛裏的冒險有其心理層次的，親密關係中最甜蜜的經驗是有一位相知者可以毫無保留地傾吐心事。這份信任是一種自我顯露，無論自己是美與醜、強與弱，都赤裸畢露人前，包約翰的著作《為什麼我不敢告訴你我是誰？》寫的正正是人心靈裏最脆弱的惶恐，一個人愈顯露自己，愈少防衛，也就是愈脆弱的時刻。二人親密性生活正是彼此顯露交付的最高峰體驗，倘若二人彼此珍惜，欣賞接納和重視，那是一份極崇高的愉快滿足感，有一種此生此世是值得的一份感激的心情。所以，在我的體會中，彼此尊重、接納和欣賞的性經驗直達人心靈深處，是一份隆重的宗教經驗。相反，身體和心靈的脆弱點，一旦赤露而又被對方嫌棄、排斥和拒絕，其中的傷痛也是無以復加的。某些傷痕有時重如一記烙印，畢生無法磨滅，所以，我們理解為何失戀或離婚，對一個人可以造成沉痛的打擊。

想深一層，二人相愛，實在是一場冒險的旅程，除了需要許多抉擇的智慧和勇氣以外，還需要極大的信心和恩典。

一次，朋友結婚，我一時感動寫下了一首詩送給他們：

曾經雙手交握，也靜靜地答應，
用兩隻稱為戒指的小圈，把你倆套住。
名字，戴在手上，掛在心間，自此，一加一再不等於二。
你答應不將我掩埋，我答應不將你欺壓，
把盈盈的個性和天賦的獨特，揉合作不分你我的團圓。
你們齊說過「願意」，且說得心甘情願，
從此不計風雨，也不管甜酸，
但聽上頭的召命，奮亢高歌，一同承受生命的恩典。

「二人成為一體」的神學如何理解？人如何在親密關係中保留自我，如何在自我中開擴關係，都是關乎愛的深奧真理，也是這本書要探討的一些課題，在往後的篇幅將繼續詳加討論。

家庭治療大師沙提亞（Virginia Satir）開創的沙提亞治療模式（Satir Model）至終其實是指涉人類內心最基本的生命兩難（human dilemma）。她最精心的理論是提及人類內心有一座未經發掘的冰山，深藏在人類行為的底層。（如下圖）

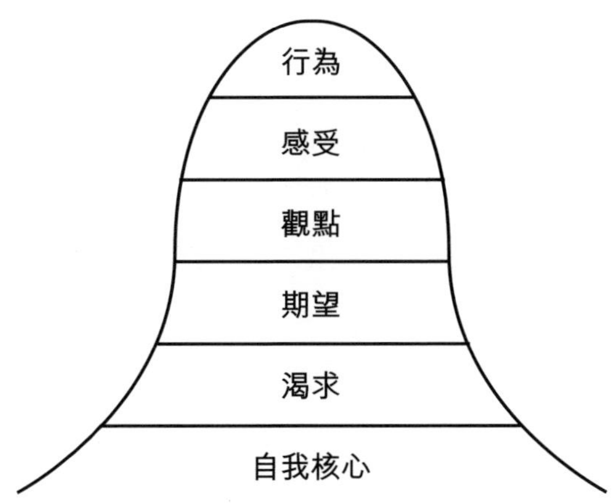

冰山心臟核心的我究竟裝載着什麼呢？人生意義、人的愛慾和被愛的渴求的實質內涵是什麼呢？愛是擁抱世界？是裝載着歷史、人羣、國家？抑或愛是無我狀態，無慾無求？或者愛是尋求一刻的圓滿，是散失的兩邊玉珮合成一個團圓？愛中的你、愛中的我，是何等光景？愛的小舟駛向何方向？我們身處的香港又受着怎樣的愛的觀念所影響？

這本書，邀請你與我揚帆起航，一起探索。

注釋：

1 麥成輝，《世紀末城市心》（香港：皇冠出版社，1994），頁 5。

2 參《聖經．約翰福音》14：20。

3 《世紀末城市心》，頁 7-8。

4 T.P. Malone, *The Art of Intimacy*, New York: Fireside, 1987, p.19.

5 陳士齊、霍玉蓮，《思想列車》（香港：宣道出版社，1993），頁 69-70。

6 同上，頁 70。

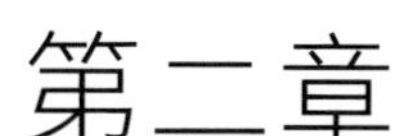

第二章

愛情神話

披一襲潔白的婚紗，

手牽手步上教會的紅毯，

教堂響起永遠和平、

愉快的鐘聲，

這是一樁美麗的誤會，

是一樁必須付上畢生的代價

才可以逐漸砌成的愛情童話。

美麗的誤會

最近，有一位好朋友心情鬱悶的找我傾吐心事，原來她發現自己愛上了一個人，那人卻不是她的丈夫。在我面前，她哭得好淒厲。她覺得從前好像一個瞎子一樣，連自己也不認識自己，直到這個人出現，她整個人好像復活過來，尋獲一生摯愛。她該怎麼算好？

我還記得兩年前她穿上婚紗的時候多麼漂亮，在教堂行禮時，與現時枕邊的丈夫站在一起多麼嬌羞，純白色印着 LOVE 的藝術字母的結婚邀請卡，寫着一行一行的承諾，有如一首清澈動人的新詩。今天，她對我說：「我還是愛我的丈夫，但發現最愛的卻不是他，是另有其人，我怎麼算好？」我輕撫着她，默言無語。近十年來，在身旁也曾聽見許多大大小小令人詫異、失望、垂淚的愛情故事。某某姊妹移民加拿大不到兩年發生婚變，也是發現了最愛的另有其人；一位令人敬重的朋友，人到中年，找着了心志相投的伴侶，信誓旦旦，兩年後鬧分手，悲痛欲絕。另一位朋友終於克服許多惶恐接受婚姻輔導，因為他發現婚姻生活淡而無味，有如活在監牢中，而愛上第三者的，不是別人，是他自己。他不能忍受自己虛假的臉孔，終於向妻子坦白承認一切。在社會上，在工作上，他是一個胸懷大志，服侍社會，坐言起行的一等一好人，取得多人敬重，他害怕婚變會毀了一生。又一位好友知己在情感路途上，屢經波折，來來回回漂泊了近十年時光，去年忽然與一名歐籍男士同居，隱居於郊區一幢西班牙式別墅。

婚外情、離婚、分手、同居，我了解每一個個別故事，都有其自身曲折焚心的苦楚，但周圍的朋友，包括自己，在關懷之餘更加免不了大震盪。

持守着信念，肯為朋友承擔患難的人免不了不斷反復追問：為什麼？為什麼？為什麼？最要命的是，起初一、兩個朋友傳出婚變，我們會視他們為小數的例外，陰差陽錯，才遭逢婚變；可是這些小數人的人數愈來愈多，留在婚姻裏的變成小數，享有幸福婚姻、親愛關係的幾乎漸成奇蹟。環顧那些留在婚姻中，養兒育女的人，又似覺平淡無奇，失去生命中激盪人心的動人色彩。於是，在朋友彼此間模模糊糊似乎冒起另一種思想：彷彿最平凡最實際的人才會生兒育女，才會在婚姻中默默無言獃下去；反之，那些婚姻觸礁者倒蒙上一層壯烈瑰麗的殉情色彩！而未結婚的年輕朋友，因而顫抖得很，步步為營，幾乎不敢信任這場婚姻和所謂廝守的「遊戲」。尚餘多少人，敢以自身去證明海枯石爛並非幻想？

經典的童話

白雪公主遇見英俊的白馬王子，一見傾心。白雪公主遭後母陷害，長睡不起，及至白馬王子情深的一吻，白雪公主立即甦醒了。白馬王子與白雪公主結婚，從今以後，他們快快樂樂地生活下去。是經典的愛情童話。

自三歲至八十歲都耳熟能詳的童話故事，白雪公主、青蛙王子、灰姑娘……每一個童話故事都是俊男美女邂逅，締結良緣的故事，而且都是從此以後，快快樂樂地生活下去。

無疑，這是人類心靈願望的寫照。

二十世紀，再不輕易有人相信這些愛情童話，可是，頭腦上的不信並不就能抹殺心靈隱藏的願望：遇見一位俊美的伴侶，在天涯海角緣分安排了那唯一、獨一的一位，二人相遇，從此生命際遇、生活條件從這圓滿的愛情開始改變，而且快樂是永不止息的。

這種潛移默化的願望，以各種形式、符號深植在我們的腦海裏，形成好些神話式的愛情觀念，解剖下來，有以下的六項。

一、愛情不是來自人為的努力，而是冥冥中巧合的安排，天賜的邂逅。

二、良好的愛情是完美無瑕的，包括男女主角的內心、外貌，一切一切，都意味着超越人間的理想境界。

三、愛情是超現實的，有能力脱離及超越人生種種束縛，起死回生：貧窮的變成富有、醜陋的變成美麗、憂愁的變成喜樂、惡魔的咒詛失靈。似乎必須離開人生現實平凡的束縛，才能達到人生的理想境界。

四、獲得愛情後就等於獲得永恆的快樂，這快樂毋須付上代價和努力，像一張通財金卡，永遠支取不完。

五、有快樂就有愛情，有愛情就有快樂；獲得快樂，自己滿足的快樂就是人生最高的追求，也是愛情的所以然。

六、愛情是二人世界，二人的親戚、朋友、歷史背景全部毋須攝入鏡頭。

也許，有讀者會説，二十世紀再沒有人會羨慕或相信白雪公主的愛情故事，所以，現今的愛情才充滿猜疑和謀算，消失了單純的信念。然而，事實上，愛情神話的渴望還深植人心，只是人類的渴求和不信差距愈來愈遠，形成一種強大的張力。君不見婚紗攝影店舖門庭若市，古典套裝宮廷式、日本式、法國式俊男美女沙龍大相片再加什麼什麼全餐，折實萬元。二十二吋的富麗堂皇大相片往往在四百多呎的樓宇中找不到棲身的位置，即使勉強覓得一個居室的角落，王子和公主式打扮在朦朧的花影神殿間，天天與混亂的枕被、凌亂衣衫、臭襪、結不完的帳單為伍；尤有甚者，王子公主還得目睹自己天天下凡人間，在牀頭與妻子、夫君皺眉、冷戰、吵架。

婚姻註冊處和婚紗商戶全部生意興隆，亦有一大批冷眼旁觀者作了聰明的決定：只談戀愛，不論婚嫁。這些人認為婚姻是愛情的殺手，浪漫的愛情與現實的婚姻是誓不兩立的，於是乎，同居、試婚、婚外情，尋求二人嚮往的生活方式和新天新地，抗拒婚姻制度，脱離人羣壓力，成為現代人堅持浪漫愛情尋求出路的另一則神話。

現代愛情神話——麥迪遜之橋

一九九二年，美國出版一本暢銷小說：《麥迪遜之橋》（*The Bridges of Madison County*，又譯作《廊橋遺夢》），高踞美國暢銷小說排行榜首，甚至風靡港台兩岸。這本描寫中年浪漫情緣的言情小說何以會引起熱烈的社會效應？

《麥迪遜之橋》是歌頌婚外戀情的現代神話，故事女主角（Francisco Johnson）是四十二歲的已婚農婦，與五十二歲風流不羈的攝影師邂逅，四日的相戀情緣，引致二十四年的相思之苦，如何的纏綿悱惻，扣人心弦。

細觀《麥迪遜之橋》，也事實上在銷售愛情神話，只不過神話不是編織在婚內而推至婚外。這部小說有什麼神話元素？

一、相聚四天，相思一生

假設男女主角都是單身貴族，毫無障礙地成了婚，不單能夠相聚四天，而是四年、四十年，當中纏綿的情愛會否立即變得平淡而枯燥？

二、愛侶相愛而無法結合是古代愛情神話的悲劇元素

從 "Tristan & Isolde" 到《羅密歐與茱麗葉》，以至描寫明朝末年宮廷愛情的《帝女花》都是同一條方程式。以 "Tristan & Isolde" 為例，當男主角戰勝障礙，在森林定居下來，雙宿雙棲後，很快就厭倦那平穩無奇的生活方式，另尋生活的新刺激了。

三、完美的男女角色典型

成熟、野性、反傳統，卻又善感、敏銳、溫柔，塑造出這樣子的男性性格滿足了千萬女子心底的渴求。可是在現實世界，一個男孩子擁有這些相悖而吸引女孩子的人格特徵者，可說是絕無僅有。於是，神話更加淒美動人，自己的枕邊人更是平凡得可惡了。書中的女主角雖然年華逝去，卻被讚譽為有「生活的智慧」和「成熟的感情」，正好抵抗時下浪漫愛情的公式——熱戀只屬於年輕貌美的男女，更呼喚出中年婦女對愛戀熾熱的渴求。

凡此種種愛情神話，在在鼓吹一個信息：在現實生活中是不能尋索到浪漫激情的，所以，我們要衝開現實的藩籬（又稱婚姻的枷鎖）去尋找浪漫。

我想反問：真正的愛，是否可以根植於現實而凌駕現實呢？

的確，深摯的愛在人間有移山倒海的力量，能夠改變人內心，能夠鍛煉和塑造人的性格。其超現實的含義就是在現實中凌駕現實，並非脫離現實。

從朋友身上，我曾聽見一個如此動人的故事：朋友的丈夫不幸患上癌症！末期的病情令他只能倒臥牀上，朋友不怕天天辛勞的探病，而且親自細心為丈夫處理大、小便。我們可以想像這是多麼難堪的厭惡性工作，可是，擁有愛情就有克服現實的力量。這就是在現實中捱苦受髒而能超越現實的地方。真正的愛情是有能力協調人生的順、逆、貧苦、卑賤、平庸的、現實的，但這種愛的力量卻不是白白得來，也不是緣分賞賜，背後有其昂貴的代價。

披一襲潔白的婚紗，手牽手步上教會的紅毯，教堂響起永遠和平、愉快的鐘聲，這是一樁美麗的誤會，是一樁必須付上畢生的代價才可以逐漸砌成的愛情童話。現代人對愛情童話有兩種反應：一是失望、抽身、嘲弄和迴避，一是容許自己盲目地勇往直前，暗暗地盼望自己是唯一的例外。什麼時候我們肯打破這美麗的誤會，拆毀幼稚的神話，才有機會重建堅實的愛情堡壘。

誤會的源起

西方羅曼蒂克的愛情觀不單穿透西方近代歷史，從神話、詩詞、文學及至心理學，而且透過文學著作、書籍、電影，也把整套愛情觀念銷售至全世界。

羅曼蒂克的愛情觀到底蘊含着些什麼元素？

羅曼蒂克的愛情有一種神秘、不可測、從天而降、超越人為的色彩。羅曼蒂克的愛情觀形像化的描述，就有如愛神之箭穿越二人的心窩，於是兩人雙雙墮入愛河。由於羅曼蒂克的愛情源自不可抗拒，混入不可解的神秘力量，於是「緣分」、「邂逅」、「一見鍾情」、「墮入愛河」、「觸電的感覺」、「前世預定的那一位」，都是一些沾染着羅曼蒂克愛情觀的形容詞，以示這樣的愛情更加超越和真摯，才是真的愛情。稍為平庸的相識、平淡的進展，有着人為努力的結果都意味着不是真愛，是次等的東西。

羅曼蒂克愛情第二個特徵是強烈的情感（passion），也可以説是激情，充滿火花的激情。Denis de Rougemont 在他的著作 *Love in the Western World* 中很詳盡回溯西方社會自中世紀但丁時期的神話，一直流傳下來的浪漫愛情觀，其中一個主要的愛情要旨，就是激情（passion），一種驚天動地、電光火石的偉大經驗，這種經驗比道德更加偉大（"a splendid experience more magnificent than morality"）[1]。在浪漫主義的氛圍下，似乎激情變成測試人是否一個真人的試金石，否則這個人亦等於沒有真正活過。

大概三十年前，林青霞、林子祥主演一套賣座的電影——《今夜星光燦爛》。那時候，我有很深的感觸。林青霞是有婦之夫林子祥的婚外戀人，在那齣電影以前，也出現許多婚外情的故事，但婚外戀人統統被稱為「狐狸精」、「壞女人」，勾引別人丈夫，都是指成沒有良知、犀利、巴辣、不道德的女人。但《今》片一出，婚外情的女主角被刻畫成純情、有個性、漂亮、年輕有為，討好觀眾的正面角色，一反傳統；似乎相逢恨晚的林青霞與林子祥才是真正的受害者，而林子祥的妻子才是拆散這對天造地設的戀人的罪魁禍首。這齣電影正正説明了激情比道德更偉大的浪漫氛圍。此後，是非黑白、主角配角顛倒混亂，叫人無所適從的婚外戀情電影紛紛出現，揭開了一個新時代的愛情觀和價值觀。

Jacqueline Sarsby 在她的著作 *Romantic Love & Society*（Penguin, 1983）中嘗試仔細拆解浪漫愛情觀的一些重要元素。我可以將她的觀察歸納出兩方面的重點。

浪漫愛情觀的對象，是天造地設、生生世世的唯一一位，唯有這一位意中人是可以與你知、情、意各層次的生命互相契合，而且達到圓滿。這唯一的一位是憑感知、憑第一個眼神觸電就可以察覺出來，不靠人為的努力，不可分析。而這個對象通常是一種理想化完美化的人格典型。例如，既堅強、勇敢，卻又不會急躁、粗魯，同時柔情似水。細心體貼，既理智主動，又敏鋭善感，有如《麥迪遜之橋》的男主角。可惜，人生現實卻與浪漫的幻想相違背。上帝十分公平，每個人的性格特徵有美好亦必然有缺陷，有如銀圓的兩面；奮勇者脾氣剛烈，溫柔善感的男子卻有時優柔寡斷，甚至懦弱膽怯。我們在愛戀時被對方性格特質優美的一面吸引，相處下去，就發現其同時存在的另一面弱點，而無法接受，不斷企圖改變對方，產生無休止的失望和矛盾。

我很欣賞魯益斯（C.S. Lewis）在《四種愛》（*The Four Loves*）中將愛拆分為兩類：need-love 和 gift-love。簡言之，一類是為滿足自己個人需要的愛；另一類是分享付出的愛。把愛情伴侶理想化，其實是為了滿足自己的需要，是 need-love（滿足自己需要的愛）的一種，這一種愛是以自我為中心。人的需求是永無止境的，所以，人的失望也是沒有止境的深淵。有時，我們只不過是愛上了「被愛」的感覺，而不是愛上了對方這個人，這個活生生有血有肉，有歷史背景，有軟弱剛強，有美好和醜惡的一個人。婚外情也是人類一種 need-love 的行為，有如一個人喜歡吃蘋果，也喜歡吃香蕉。家裏的太太精打細算，卻嫌錙銖計較；處理事務周到利落，卻嫌不夠小鳥依人。於是一個人需要一個實際的太太煮飯、「湊仔」、理家，卻同時又需要毫不實際、嬌羞無限、小鳥依人的婚外情人去依賴自己、體恤自己、安撫自己。從人的自我需要出發，人不但可以有兩個情人，就是有一百個情人也不會嫌太多的。

人的確有很多很合理的需要，而每個作為他人妻子或丈夫的情侶亦有其自身限制，無法完全滿足對方的願望。如何開拓愛的資源，去豐富雙方情感的色彩？人能夠反求諸己（self-focus），不斷尋求開拓內心愛的資源，成為自願自主而湧流的愛、滿溢的愛、分享的愛，那就是 gift-love 的愛。人以看見別人的幸福而感到滿足，別人的幸福又同時變成這個人喜悅的信心和盼望，更產生愛的動力，這種愛是推延的，是有恩惠的，是生生不息的，是活潑喜樂自由的，這就是 gift-love，也就是施比受更為有福的精髓。這是值得探討的課題。

Sarsby 第二方面的觀察是關於愛的特質。浪漫愛情將愛等同於激情，等同於一種神秘的、內在的、渾不可解的內在感覺。因為愛是如此神秘、個人化和自動自發、不可勉強，連愛人自己也不能測透自己的感覺——這一刻情感熾熱，身心、靈魂也真誠向對方奉獻，下一刻忽然情感淡薄，無法愛心重燃，也是身不由己。林子祥一曲〈最愛〉掀起了另一闋浪漫愛情神話。多年前，大專界流行一個現象，有好幾個大專界情人出現，他們至情至性，情感跳脱，脱離傳統框框，對女孩子憐惜體貼。可是都是 "shopping around"，到處留情，曾經與他們談戀愛的女子多不勝數，即使熾熱的愛火燃點過後，剩下寒風中蕭瑟的灰燼，曾經相愛的女孩也能自圓其説死心塌地，無怨無悔。原因她們深信這位大情人其實迫不得已，相戀之時真情摯意，全情投入，可是下一刻愛火冷卻了，不能勉強自己，欺騙對方，所以才十分無奈誠懇的退出。雙方唯有感謝對方曾經愛過，這種「隨着感覺走」的愛情哲學，一切都是瞬息萬變的煙霞，沒有永恆的擔當。

其實在青年人尋覓對象、認識自己的成長階段，發現自己更深、發現對方不是適合的終身對象，能誠懇地投入、誠懇地退出，是美麗可喜的。可是，若一個人恃着無法管束自己奔放的情感，作為一個「金牌」，到處享受愛情的歡愉，這個人要不是心理上有成長缺陷，就是情場上的騙子。簡單來說，愛與責任是分不開的，真正肯愛的人是一個負責任的人，一個人 I.Q. 滿一百分，有中度智能，明白自己的行為和行為後果，就已經有能力為自己的行為負責任。一個真誠的人也一定是一個負責任的人。浪漫主義另一個二分的流弊，是把責任視為道德枷鎖，總之真情浪子就毋須負責任，肯負責任的人是平庸的「道德佬」，未懂驚天動地的愛，這些都是情場浪子的藉口。真摯感人的愛與負責任的愛，兩者互不牴觸。我自己是一個浪漫唯美的人，我以夢境以詩詞為女兒改名，興致勃勃時，站在公園，就可以牽着女兒的手跳舞。與丈夫士齊，更是浪蕩歐洲、俄羅斯、希臘、中國蒙古大小草原，幾乎在喜悅時便可以在星際月夜草原間做愛。

一個浪漫唯美的人，更加明白激情的火花，趨鶩愛情而討厭責任的陷阱；愛情與責任並存不悖，因為責任連繫着對方的福祉。愛一個人，又怎能不為對方幸福着想？愈是深信浪漫，愈要約束自己、尊重自己，做一個負責任的人。

其實，偉大的愛的確有一種神奇力量，激情浪漫的愛不啻是向傳統封建社會扼殺人性心靈的假道德枷鎖，作出一個人性的、有效的控訴。Stendhal 在他享負盛名的著作 *On Love*（"De l'Amour"）一書中，劈頭就將愛分為四類：

一、禮儀的愛（Mannered Love）；
二、肉體的愛（Physical Love）；
三、虛榮的愛（Vanity Love）；
四、激情的愛（Passionate Love）。

激情的愛事實上比其他三類愛情更高層次和更超越，在現代社會，能夠追求和達到激情的愛的還算屬於奇葩異卉。激情的愛更是一種焚燒的、浪漫的、生死不渝、義無反顧的一種浪漫愛。這的確是動人心魄的強大力量。筆者也是激情愛的追求者、趨鶩者。正因其超越、其力量強大，筆者就更理解它的陷阱，和相同強大力量的破壞性。激情愛很容易演化成一種致命的愛（fatal love）。曾上演的兩套電影《第六感之戀》（*Realm of the Senses*）、《孽緣》（*Fatal Attraction*）都正是激情的引力（drive of passion）引到極端的一個淋漓的演繹。

「浪漫存在時，愛是致命的，浪漫向安居的情侶、穩定有成果的滿足感蹙眉，浪漫的愛並非追逐愛情的滿足感，而是追逐激情，激情難免與傷痛苦楚連繫。」[2]

為何會這樣呢？因為傷痛和苦楚使人自我生命意識甦醒，使人感到一分一秒都真實具體地活着。這些痛苦有時會引致毀滅和消亡，正正滿足人心底潛藏摧毀和消滅的暴力傾向（aggressive, violence instinct）。

說穿了，激情的愛愛上了激烈的愛情，而不是愛上愛情的對象。

激情的愛已經超越了實際虛榮的愛，但我們要尋求的是激情愛的再超越。難怪我們要問：「問世間，情是何物？直教生死相許？」

我說過近日有一位好朋友向我傾吐心事，透露她與第三者墮入了婚外情，如何是好？這位朋友是一位冰雪聰明，唯美感性的女孩子，所以與我十分投緣。我珍而重之地與她分享我多年來在感情道路上掙扎的領悟，我仍舊是浪漫主義的信徒，但我追求更徹底的浪漫，我追求人生的真、善、美。真正的「真」，必然是善而又美；真正的「美」，必然是善而又真。這是我有一次在北歐奧斯陸面對天地間一陣滲人心脾的靈氣，一種絕代風華的景色頓生的領悟，又真又美又善的天地是創造的本貌，可是，人間都充滿真、善、美的裂痕。第三者的邂逅有時美，美得令人心痛，可是若造成三個人的痛苦，又如何能善？倘若是不能公諸於世的美的感覺，只是一時的幻覺，又如何是真？

我將這領悟告訴友人，尊重她能為自己做決定、負責任，邀請她細想，怎麼樣的決定才能造成真善美的結合？

細心回想，主耶穌基督才是真正的浪漫主義者，他是徹頭徹尾的真人，他徹頭徹尾的善，又顯露透徹心靈的美！

還有另一個標準可以指引我們如何去量度自己投入愛情的高度、深度和闊度。我們可以察看這棵情花的果子，便可以認識這棵愛情樹的素質，觀看這浪漫的愛產生什麼結果！二人所陷入的愛情使雙方更為收縮、狹窄、自憐和悲慘，抑或使雙方更為擴展、博愛、寬容和飛揚，這也是在感受以外去探測愛情素質的試金石。

中國愛情觀

在愛情的道路上，我們回首察看自己的黃皮膚、黑頭髮，想一想父母相處交往的方式，似乎完全沾不上浪漫邊兒。在我的朋友以至我的輔導個案中，為愛情而結婚的父母，或者在婚姻中不斷滋長愛情的父母幾乎絕無僅有。最美好的例子不過是雙方盡責、和諧，在角色上彼此配搭、相敬如賓？激情和浪漫是屬於中國人的嗎？中國人的愛情觀到底是怎樣的呢？

有時候，我會興起一個疑問：中國人會講愛情嗎？甚至到九十年代的今天，我們大部分所認識的朋友親人是為什麼結婚的呢？也許這可以成為一個有趣的論文研究題目。

在我婚姻輔導的工作個案中，不時會問當事人當初為何決定結婚，誰作出這個決定？有趣的是，即使今天再沒有盲婚啞嫁的現象，但仍然有不少人給與模糊不清的答案：「人大了，就結婚，反正，他也不錯。」「當時也是很含糊的，父母贊成，又催得緊，他又想結婚。」「當時也不怎麼想結婚，但有了性關係。」「拍拖時間長了，於是結婚。」甚少聽見人說：「為什麼？為了愛情，為了我愛他。」「愛情」這兩個字是中國人很少宣之於口的名詞，相較於道德、修身、成就、學問，愛情不是中國人優先的價值追求。

在眾多輔導個案中，有一個有趣現象。造成婚姻決裂的基礎原因，是男女雙方擁有不同的愛情觀。其中一方 —— 大

多數是男子 —— 擁有極傳統的中國愛情觀，愛情等於婚姻，婚姻等於宜家宜室的倫理觀，完成人生傳宗接代的責任，每月繳付家用，努力賺錢供樓，供兒女讀書，作好自己分內事就已經是良好的婚姻了。對於持這種愛情觀的人，沒有什麼特別，妻子不過是家庭其中一個成員，家庭比妻子重要，人生的責任比愛情重要，浪漫更是不着邊際的事宜。可是，另一方 —— 多是女方 —— 不知是從什麼媒介得着啟蒙，可能來自電影、書籍、同事、朋友，開始感到人生太枯燥乏味，對愛情有很多浪漫的追求：追求親密關係，追求親密關係的表達藝術，追求靈魂的相遇、心靈的相處。表面看來，似乎是雙方對婚姻期望不同，是溝通技巧不足，其實，更深遠的是雙方受不同的愛情觀念影響，家庭背景的薰陶，甚至是中西文化相撞的矛盾。有時，我忽發奇想，婚前輔導的項目中，好應該增設一項測試雙方的愛情觀，看看彼此愛情觀相距多遠，才決定是否進入婚姻，毋須承受一生人的失望。

要了解中國人傳統的愛情觀念，可以從愛情小說去追溯。

一、《鶯鶯傳》

《鶯鶯傳》描述張生與崔鶯鶯的愛情故事。崔鶯鶯是誰？根據元稹《鶯鶯傳》這部小說及後人考據，崔鶯鶯是沒落貴族人家之女兒，天生麗質，被張生這個公子哥兒看上了，繼而着力挑逗追求。直至崔鶯鶯付出真情之後，張生為仕宦前途的打算，拋棄了鶯鶯而攀附高門大族的女兒韋叢。據宋代以後的學者考據，認為張生即元稹本人，是元稹年輕時的一段愛情故事。

現代人聽起來，覺得這不過是「癡心女兒薄倖郎」的一種陳腐小説，但以唐代的時代背景來看，這樣的愛情故事必定經常發生，以致屢屢出現成為小説題材，如霍小玉與李益、秦香蓮與陳世美，都是紅顏癡心，都是被負心郎拋棄的故事。

二、《白蛇傳》

宋代的《白蛇傳》被李碧華用現代人的筆觸寫活了，搬上了電影院的《青蛇》更是街知巷聞，只是添上了太多神怪詭異的花巧，以商業噱頭淹沒了白娘子的熾烈愛情追求者的人格形象，以及動人心魄的愛情。

白娘子與許宣的愛情故事幾乎是家喻戶曉的。白娘子雖是荏弱女子，卻是頑強、主動和熱烈愛情的追求者。相較之下，他的情人許宣卻是怯懦、退縮，不敢投入熾烈的親密愛情關係，終於釀成愛情悲劇。

從白娘子的愛情悲劇，我們察看出更深一層的中國文化格局的社會悲劇。一個主動、頑強、熾熱、大膽的女性被中國小説渲染為強悍、潑辣、妖媚的白蛇精。多情的浪子素來沒有被策封為「狐狸公」、「蛇妖蛇怪」，獨是不能接受女子的熱烈多情。這裏再次反映出中國的文化格局男尊女卑、「紅顏禍水」的傳統思想。

中國人男尊女卑的思想深入骨髓，沒有平等關係，無法造就人格成長。沒有平等關係就不會產生刻骨銘心的愛情，男女雙方的人格素質完全壓抑在刻板固定的角色分配之下，又如何能夠自由活潑地相知相愛？

這些故事告訴我們一些有關中國人的愛情觀念：

一、男女關係並不平等

在中國儒家思想的傳統中，「婚姻是愛情的代名詞；或更正確地説，婚姻吞沒了愛情」。婚姻的目的，除了繁衍子孫，就是「宜室宜家」的倫理道德義務，「較少關注男女雙方的幸福」。[3]

何滿子對此的觀察十分準確，愛情是建基於兩人的平等關係而產生的親密關係、熱烈感情。可是中國傳統男尊女卑，女子被稱為「紅顏禍水」，「不愛江山愛美人」的帝王受人非議。最有個性的女子如杜十娘（《杜十娘怒沉百寶箱》），都只能夠以死的方法去譴責負心男子，別無其他社會出路。可見這不平等的男女關係，阻礙愛情成熟發展。

二、愛情次等觀

春秋戰國以後，漢朝罷黜百家，獨尊儒術。儒家學說以宗法禮教為社會制度文化核心，以血緣關係為倫理軸心，所以男女關係只求成全婚姻制度，而婚姻制度為求成全禮教宗族傳統，於是乎，婚姻是重要的，愛情是次要的。沒有愛情的婚姻，只要能夠履行宜家宜室、傳宗接代的道德倫理義務，就相當足夠了。何滿子批評說，在中國傳統的儒家思想底下，「婚姻是愛情的代名詞；或更正確地說，婚姻吞沒了愛情」。這批評雖然嚴厲，卻有很大程度的真確性，就是張潔近年在小說《愛是不可忘記》中，仍然在抒發這種有婚無情的愁悶。

不是說中國人不渴望愛情，不需要愛情，而是在中國人傳統的文化格局中，愛情只是佔着一個可有可無的次等地位。

動人的愛情詩如《孔雀東南飛》、《李後主》、《紫釵記》，甚至蘇軾的名句「十年生死兩茫茫」，都是膾炙人口的詩歌曲目，令人感動，可謂愛情荒漠裏閃爍的明珠。故此，中國固然也有情深款款的潛質與渴求，只是中國文化格局扼殺和規範了中國人的愛情經驗和男女關係的昇華。這是很值得惋惜的事。

三、愛情基礎：門當戶對，才子佳人

崔鶯鶯慘遭拋棄的悲劇，主要原因是她未能符合傳統中國愛情觀裏的覓偶條件。她是佳人可以匹配才子張生，順利通過了第一關，不幸，她未能出自名門（元人的雜劇《西廂記》與元稹的小説有異，把崔鶯鶯改寫成相國千金），於是被張生拋棄。

「門當戶對，才子佳人」這一條愛情方程式，自古代司馬相如和卓文君的愛情故事，一直到六十年代陳寶珠、蕭芳芳時代的粵語長片的愛情故事，都是一脈相承。令人詫異這種以地位、身分、外貌條件尋覓配偶的愛情觀是何等根深蒂固。

時至今日，再沒有盲婚啞嫁，再沒有媒人「相睇」。在自由戀愛的今天，我們在坊間的愛情叢書、言情小説以及周圍朋友身上隱約捉摸到這些歷史遺痕：學歷、背景、身材、樣貌、事業前途、生活保障、汽車物業，仍然是談戀愛前的一列條件清單，先有金錢，才有愛情，兩情相悅是一些現實條件之外的次等考慮。

我也認識一些朋友，是愛情至上的，勇於超脫一切外在條件考慮而締結婚盟。可是，倘若一旦因種種因素而遭遇婚姻失敗，周圍朋友，特別是家人的指摘是特別強烈的。相較另一對所謂門戶相對者的婚姻失敗，遭受的社會譴責較少，親友只是搖頭歎息：「世事難料，要求對方一輛車、一層樓作離婚補償吧。」

上述提到中國人在傳統文化格局下，衍生男尊女卑、愛情次等，以及門當戶對的實效觀念。這是一種普遍性、籠統的勾畫，是對根深蒂固、重禮儀制度多於重視人性心靈的迂腐格局的批評。

然而，中國人又豈是無情？中國人的情是深刻的、含蓄的、柔韌堅強，有如小小的一滴水，涓涓滴滴刻骨銘心。説到心底的心深處，水滴石穿，無怨無悔，所謂「含情脈脈」、「款款深情」、「情深意切」、「情義深長」。這種默默的、隱藏的、付出的、牽腸掛肚的深邃柔情，在民間、在鄉間，在平凡的夫妻愛、父母愛中，經常體現出來。

海上生明月，天涯共此時。
情人怨遙夜，竟夕起相思。
滅燭憐光滿，披衣覺露滋。
不堪盈手贈，還寢夢佳期。

張九齡〈望月懷遠〉

十年生死兩茫茫，
不思量，自難忘；
千里孤墳，無處話淒涼。
縱使相逢應不識，塵滿面，鬢如霜。
夜來幽夢忽還鄉。
小軒窗，正梳妝。
相對無言，惟有淚千行。
料得年年腸斷處，明月夜，短松崗。

蘇軾〈江城子〉

蘇軾愛妻情切，生死不渝，亡妻死後墓前祭奠，思念心情，十年不變，讀來叫人潸潸淚下。

《詩經》裏，「關關雎鳩，在河之洲。窈窕淑女，君子好逑。」寫活了民間率性相愛的自然真趣。沈三白和芸娘的

《浮生六記》，以最平實的生活記述，點出了夫妻患難與共，平凡中最不平凡的夫妻愛。中國人內心含蓄蘊藉，相思相繫，綿遠深長的情愛，比西方浪漫的愛情觀，有更深遠可開拓、發掘的園地。

後現代主義的愛情觀

當我嘗試追溯西方文藝復興以後強調的浪漫愛情觀，以及中國傳統一些根深蒂固的務實愛情次等觀，及率性真情的中國人的情愛體現，我內心似乎在呼喊，還未觸及最新的時代脈搏顯現的一些愛情現象。讓我姑且將這些現象歸納為後現代主義的愛情觀。

後現代主義是否存在？怎樣界定後現代主義？至今尚有不少辯論和探討。根據 Marshall Berman 在 'Why Modernism Still Matters' 一文中闡述，後現代主義發源於兩個歷史浪潮[4]，第一個浪潮是六零年代美國社會將音樂和藝術普及化，把藝術從畫廊和音樂廳搬上街頭，對正統的信念和表現形式加以全盤否定和推翻。第二個浪潮是法國七、八十年代興起的哲學思潮，也許誕生於一九六八年學生運動的後遺症，重要的思想家有德里達（Jacques Derrida）、羅蘭．巴特（Roland Barthes）、拉康（Jacques Lacan）、傅柯（Michel Foucault）等，尤其傅柯強調人生不過是一堆語言符號的重組，沒有絕對的真相或真理，把許多政治、宗教、道德的認知架構粉碎。

後現代的精神是一種了無希望的吶喊，是對現代主義所表揚的樂觀精神，以及英雄主義作出一種反動，對一切意義全盤否定，注重人生平凡瑣碎的枝節，突出事與物的相異和分歧，敏感到人生的切割和分裂，以一種嘲弄、揶揄、不信、諷刺的態度去擺佈藝術，去處理人性。走進後現代主義的畫廊，時常給人一種可怖、噁心、反常的感覺。我曾看見一幅畫，是一個人將自己的頭顱有如切麵包一樣，一片一片地切下來，看後使人不安。我的好朋友也曾觀看一個畫家將自己作為藝術表現的手段，沉悶而冷漠地來回踱步，加上燈光和音響效果，使人感到彷彿置身於幽靈地獄之中。

七零、八零年代帶動起來的後現代氣氛主要是一種不信的情緒，不信天是藍、海是綠，不信好人有好報，不信長者的權威，不信生命可貴，不信人間有真情，不信宇宙有永恆的意義。這種不信的精神與樂觀的現代主義相信人的美善和無限潛能，形成重要的分水嶺。而後現代社會的不信精神帶來一種嬉笑怒罵、嘲弄、誇張、惡作劇的態度。「無厘頭」作風本身並沒有什麼特別，六零年代的新馬仔、鄧寄塵其實也是非常「無厘頭」的，特別只在於對「無厘頭」一股崇尚、崇拜的熱潮，反映了香港當代人的文化和精神面貌。

我和丈夫多年前離開香港，往英國深造神學，之後回港，高樓大廈、現代化建築使我詫異，但還未曾令我失望。最是吃驚的是電視廣播節目的姿態和氣氛，當時許多電視節目都冠以《ｘｘ瘋狂》的名字，主持人動作誇張，面部表情儘量滑稽幼稚，而且不斷自貶自嘲，主持人之間互相捉弄，並不是梁醒波、許冠文那類諧趣的溫情笑料，而是某種謔而不諧，充滿某種推翻正派、正氣、正統的反動情緒揮發着的乖張，使我百思不得其解。現時回想，也許也是一種受後現代精神感染的表現，難怪之後許冠文炮製的喜劇片開始不賣座。許冠文在七零年代一直努力製作的喜劇電影背後，都似乎藏有某種價值理想，從《半斤八兩》、《賣身契》、《雞同鴨講》等登峰之作，背後都有一些正面的信念和信息；可惜，後現代主義的核心特徵就全盤否定任何正面價值、宇宙性永恆意義的追求。許冠文的喜劇不再賣座，不光是他個人的悲哀，可能也是整個時代的悲哀。

一九八零年末，英籍巴基斯坦人 Salman Rushdie

寫了一本觸怒回教徒的小說《撒但詩篇》(*The Satanic Verses*)。一九九三年，日本人鶴見濟寫了一本《完全自殺手冊》，教人各種自殺方法，似乎有意無意地在人權的章則上加上另一系列的權利，人不但有權去愛、去珍惜、去擁抱，而且有權去恨、去嘲笑、去篡改、去殺戮、去傷害、去毀滅、去瘋狂……當文字純粹是一堆符號，人生就只是一種寄託，「權利」與「慾望」就可以胡亂混淆。

在我對後現代精神有限的理解底下，我嘗試問：後現代的愛情是什麼？

「不求天長地久，但求曾經擁有。」因為永恆是不存在的，天長地久就是可嘲弄的神話，於是人不向前看，連親密的關係也不向前看，只求目前官能上一時的滿足。使這兩句口號走紅的鐵達時手表廣告採用的畫面襯托，是情義深長的浪漫精神，所以這兩句說話可以看為實質是對人生現實限制的嗟歎、無奈，是一種自我安慰的紓解。從這種浪漫氛圍去理解，實質意義就是心底渴望天長地久也不敢作此祈求，故此唯有安於曾經擁有。

可是，以沒有眼淚的虛無主義[5]的後現代精神來接管這兩句口號，就變成對渴望天長地久的心態一種嘲弄、恥笑，轉化為官能、肉慾、片刻的佔有的火花。一時不慎，內化這種愛情觀念的人，其實是強姦了自己的心靈，成為了自相矛盾的犧牲品。

我曾經接觸一些自以為持守這種信念的人，合則來，不合則去，何必斤斤計較。可是情感投入了，熱情耗盡了，一旦面對分離，根本無法適應，抑鬱、自我傷害、仇恨、報復，心靈的創傷無以復加。因為這種自圓其說的信念只是適合情場浪子作「免死金牌」之用，對任何一個有感情的人都是忤逆心靈的思想。

後現代社會否定終極真理和人生的終極關懷，於是乎，人生便剩下了一堆感覺官能和寄存於世的符號，人變得無名無姓、無絕對價值。美國社會的性濫交現象其實就是這種將人物化、非人化的現象，許多人一夜情，發生了關係，睡了一覺，明早各自上路，還未知對方姓甚名誰。多麼涼薄的關係經驗，使人在自我踐踏中顯得多麼頹喪和滄桑！

九十年代，有一齣港產片，片名《老泥妹》，大概是描寫終日在尖東徘徊的十來歲少女的生涯。電影廣告宣傳用了五個「不」字來概括描述她們的心態：「不用真情」、「不用真名」、「不需回家」、「不要懷孕」、「不要後悔」。聽起來也為這樣的少女感到淒酸，這正正是把人「物化」的歷程的寫照。連人的存在，和人性主體都變成了一樁神話。親密關係的實質意義更是渺不可求。

根據 Craig Owens 的説法，後現代精神是一種精神分裂的體驗[6]，「精神分裂的體驗是一種孤立的、割裂的、斷絕的經驗。物質的象徵符號無法將現實經驗貫串成連貫的整體，所以，精神分裂者無法認識人的仁性身分（personal identity），喪失了人性 / 仁性是近代人類文化最大的咒詛[7]。人喪失了自己的本性，尚要追求與別人產生有意義的親密的關係，當然是千難萬難，愛情就淪為性接觸和片斷的歡愉了！

其實，後現代主義之所以大行其道，就在於它捕捉到一些重要的人類文化和歷史真相。Roger Lundin 一語中的：

「倘若現代主義代表人類自西方宗信仰崩潰以後，竭盡所能以文化和藝術來填補人類社會這個空洞；那麼，後現代主義正正是挺身出來去指出及確認這個空洞，並宣稱這空洞是永遠無法填補的。」[8]

在現代主義和後現代主義以外，還有沒有別的出路？

注釋：

1 Denis de Rougemont, *Love in the Western World,*（London: Pantheon Book, 1940）, p.276.

2 Diane Ackerman, *A Natural History of Love*,（New York: Vintage Book, 1995）, p.108.

3 何滿子，《中國愛情與兩性關係》（香港：商務印書館，1994），頁7。

4 Marshall Berman, 'Why Modernism Still Matters', in *Modernity and Identity*, ed. by Scott Lash & Jonathan Friedman,（U.K.: Blackwell, 1992）, p.44.

5 同上，p.45。

6 Hall Foster（ed.）, *Post-modorn Culture*,（London: Pluto Press,1985）, p.119.

7 對於人性 / 仁性（personhood）之相關見解，詳參陳士齊之〈仁者上帝〉一文（《思想列車》，頁328-337）。

8 Roger Lundin, *The Culture of Interpretation-Christian Faith & the Postmodern World*,（Grand Rapids, Michigan: Wm.B.Eerdmans, 1993）, p.3.

第三章

尋尋覓覓

有時單方面的犧牲

只會造成對方的強權，

單方面的付出

也可以形成對方的依賴、放縱……

起初上帝造男造女

世間上，男男女女，追追逐逐。彼此相悅時，情深意切；彼此交惡時，形同陌路。為何世間上有男有女？為何雌雄二性，彼此愛慕，又互相競逐，激盪出人類歷史千古的愛恨纏綿？

世間宇宙的起源，是哲學家、科學家、人類學家抱着極大好奇去追尋的一個謎。若依據基督教信仰中古時期流傳下來，《聖經》古卷的記錄，起初，上帝創造天地以後，便照着自己的形象造人，乃是照着祂的形象造男造女（〈創世記〉1：1-27）。

讓我們來運用豐富的想像力，回到萬物起源的光景。萬物被造了，百花鮮麗、迎風招展；草兒散發着鮮嫩的草香，柔順地躺臥；大樹高聳、挺拔，各有姿態；小羊兒成羣地低頭吃草；雄獅猛獸與小羊小鹿，同作息、同生長，互不侵犯；早上晨光嶄露，傍晚紅霞奔放，夜間星星月亮含笑，映照着清澈肅穆的宇宙。生態作息有序，萬物和諧，空氣新鮮，動物植物生物互相依傍，沒有再美的圖畫了！

在一次新婚夫婦的交流營會中，主持人叫每對夫婦各自寫出自己人生中一個心願。意外的是，不少人都寫着希望能到一塊清幽的大地，小橋流水，有一陣子安憩自由舒適的生活。所以，現代人很多都喜歡旅遊，尤其喜歡尋覓歐陸的田園氣息，繁花競艷；或者親臨一大片士多啤梨原野，任摘任食；或者到馬爾代夫，潛入水底，看海洋的生物奇景；或組團前往非洲，回到與野獸同居的原始森林與猴兒嬉戲，看雄獅躺臥。也許，我們在血液裏流動着追求遠古祖先與大自然和諧合一的美好回憶。

在花香草香，生意盎然的大地上，上帝用地上的塵土造了一個有靈的活人，名叫亞當；又說：那人獨居不好，為他造了一個配偶。在大自然創造的起源，萬物和諧，天人合一，男需要女，女需要男，彼此滋潤，互相依傍，這豈不是創造的本意？

上帝造了天地，萬物美好，只是在生態循環的衰榮中，缺了一個有創造力、有活動力、有主動的人。於是，亞當被造，去分享萬物的美好，去參與及主宰治理生態循環，叫萬物和諧有序，生生不息。

上帝造了亞當，安排他住在伊甸園中，果子滿園，比我們弄的任何雜果沙律或鮮果拼盤更加使人垂涎。試想成串的鮮葡萄、掛綠荔枝、大把大把香蕉、香蜜桃、甜熟的李子、胖墩墩的大西瓜、哈蜜瓜、木瓜、皺皮瓜，地上的士多啤梨鮮紅汁多，紅蘋果、青蘋果、大甜橙、奇異果，更不計其數。來一個鮮果大拼盤野餐，真是又豐富又可口又有營養，可是誰來分享？

宇宙起初，物資豐富，無憂無慮，可是只有亞當獨享，即使物資豐富，也獨食無味。上帝體會人類心靈需要一個伴侶，於是，世上有男有女，女的配男，男的配女，說明了兩性的相異，彼此特質，有長有短，有強有弱，互相補充，互為需要，彼此契合。這種性別補充配合的定律，說明了天地間乾坤互補，至柔者至剛，虛實相迎矛盾弔詭的真理。

從上帝創造的事蹟之中，給與兩性關係很多啟示。首先，單獨一個人，有所不足，需要一個伴侶陪伴（companionship）。而這互相作伴的二人達至結合共融，因為女人來自男人的肋骨，是骨中的骨、肉中的肉（union & intimacy）。佛洛依德學派（Freudian）解說男女追求配偶的過程，許多時是尋覓自我缺失的一部分（the lost part of self）。一個決斷開朗外向的人，有許多時會追求一個溫柔細膩沉靜的配偶，因為配偶擁有自己缺欠的特質，十分吸引。於是，倘若二人能夠結合共融，互補缺失，便達到意會神馳，首領眼笑的默契。二人的默契產生共同的創造和建立，進一步與天地萬物結合共融，達到豐富和諧（universal resonance & harmony）。

歷史發展中，泛神論的東方神秘主義、道教、禪宗、佛教的哲學思想，都含有回歸自然、天人合一的追求。這種與宇宙和諧的渴求似乎根植在人的心裏，也許來自萬世萬代自始祖流傳下來曾有過的一種回憶經驗。

有你無我

我們追溯到創造的本意，是兩性互補，骨肉相連，達至和諧。然而，在我們耳聞目睹的現代社會，兩性的分歧，絕少產生和諧共融，反而惹來衝突、比較、傷害和爭逐。簡言之，兩性的競爭和角力，比比皆是。只要你生為人類，就無一倖免。何以如此？

自從人類被逐出伊甸園，人類就與大自然割絕，不是一種地理上的分隔，而是心靈上的分隔、本質上的分隔。時至今日，人類愈走愈遠，整個大自然環境和天然生態不斷被斲害、破壞，人類由田間走到城市，由農業走到工業，由工業走到科技，由科技走到各種問題的盡頭，愈是無能為力。難怪，自古至今，有不少關懷人類命運的哲學家、史學家、科學家、宗教家沉思默想，呼喊人類保護地球、保護生態自然、回歸自然。可惜，始祖一旦被逐出，就不能輕易回轉。

佛洛姆（Erich Fromm）在《愛的藝術》（*The Art of Loving*）[1] 書中，詮釋亞當夏娃犯罪後，發現自己赤身露體，不單是發現大家身體構造不同，更深刻而驚駭的發現，是彼此不同，頓生一種陌生感、距離感，彼此異殊分隔，成為孤獨的個體。人在伴侶身邊，仍然感受着隔閡、疏離，這就是人類墮落的徬徨、苦惱。

存在主義者最能深刻素描人類存在的焦慮。沙特（Jean-Paul Sartre）形容人類三大種苦惱：被遺棄的苦惱（agony of abandonment）、絕對的孤立（desperate sense of isolation）與焦灼和絕望（anguish & despair）[2]，這就是人與上帝分隔，人與人分隔，人與大自然分隔的存在的感受（existential feelings）。人如何才能與天地相連，與人羣相繫，與創造者暢通無阻？亦即是心靈與自然萬化冥合，和諧統一（at-one-ment）？英文字的 at-one-ment 即是「救贖」

（atonement）的同一個字，這也許就是人類尋覓救贖的最深邃的含義。人類在歷史不斷掙扎，用盡各種方法去克服戰勝人類心靈上的孤苦疏離。有人尋求刺激，以片刻官能上激烈的解放，產生超越飛升的感受，煙、酒、色情、媒體、毒品，都是尋一時之快，用以忘卻煩惱的方法。共產主義社會以一種偉大意識形態的號召力，消滅人間的分歧及限制，可惜，這種理想意識的洪流在文化大革命中，證實是人性殘缺中妄想以口號主義提升自己的一種幻覺。資本主義社會則推行另一種手法，麻醉人類孤獨分隔的事實，就是一種合模潮流，在商品消費和經濟決定人自尊的社會中，每個人都追求合模去尋獲自尊，大家爭相買同一個名牌子的手袋、皮鞋、化妝品，一齊借助這些身分象徵去享受譏笑別人不合潮流的權利。一同説相同的俚語術語，看相同的報刊雜誌，一同聽演唱會、唱卡拉 OK，做同一樣流行的健身運動，去迎合羣眾，去爭取大社會潮流的接納和認同，內心其實存在着古今亙在的一種惶恐，對自己的獨特性不能肯定，害怕喪失歸屬感。

人類要尋求契合，其實再沒有別的答案，只有人間彼此付出的交感共鳴、人間的愛。人間的愛中，以兩性的相愛最為深厚，也最為平等。父母子女的愛，最是深厚和偉大，卻不平等；四海之內，天涯若比鄰的朋友愛最為平等，卻沒有骨肉相繫的親密。正因如此，愛情的偉大處可歌可泣；纏綿處，銷魂蝕骨；困惑處，煎心熬魂；衰敗處，可充滿激烈的抱怨、自私、報復、仇恨。

在人類創造和陷墮的歷史背景中，較容易明白，為何在兩性相處中，常有一種永恆的掙扎和困惑，是否有你無我？或有我無你？在熱戀的激情中，人人都樂意忘我地付出，追尋一種二人親密關係的滿足和甜蜜。熱戀過後，分歧來了，衝突來了，期望失望抱怨侵略，雙方都企圖令對方變得更為適合自己的需要。這時候，人在愛的期待和交付中，很害怕失去自由、失去自己。到底是對方重要，還是自己重要？若要改變自己去遷就對方的需求和期望，就害怕失去了自己的特質，使自己面目全非；但要對方否定或壓抑自己的需要和期望，又似乎犧牲了對方。愛是否一定意味着犧牲？但又該如何犧牲？犧牲誰呢？愛到底是消滅自我，還是豐富自我？愛到底是什麼？

我是誰？

我們說人與人產生關係，兩性間產生親密的愛情，相依相屬，我們就會想到這個人羣的一分子——我，到底是誰？是怎樣的？如何才能保持真我？

近代流行的家庭治療學派，梅寶雲（Murry Bowen）、沙提亞和韋米高（Michael White）都先後闡述何謂理想健全的自我。

梅寶雲主張把人的自我與家庭歷史糾纏的情感張力分別出來（differentiation of self），形成一個有抱負（conviction）、有理智、有方向（self-directed）和負責任的主體。這樣能自我反省、清醒而聚焦的自我（self-focus）是人類追求的理想狀態，也是人畢生邁向的旅程。這樣的人能夠與人區分、自主自足，亦同時與人親密地連繫（differentiation and connectedness）。於是，這樣的自我在關係中也不會流失自己，既不死抓關係，亦不懼怕人際關係，套一句中國的古語，好比「君子無入而不自得」。

至於沙提亞提倡的理想自我，是一位裏外一致的人，既有自我，亦有他人，同時能顧及彼此身處的環境場合。裏外一致的人擁有良好自尊，正所謂不卑不亢，不會由於缺乏安全感而阿諛奉承，亦不會高傲自大，頤指氣使，亦不會打岔逃避，或純用理性腦汁面對、機械抽離。裏外一致的人能夠與人保持真摯誠懇的溝通、活潑自由，能夠這樣子生活的人，並不擔心自我被關係所吞噬。

韋米高除了倡導人類聆聽自我歷史的敍述詮釋外，他更進一步指出人類自我不單受關係影響，更被社會環境、社會潮流信念所折曲。人以為活出自我的時候，卻正正受大社會文化潮流的染色和壓縮。若社會信念説：英雄有淚不輕彈，我們就不敢流淚；若社會信念説：人不為己，天誅地滅，我們就不敢謙讓捨己。六零年代「女黑俠木蘭花」、「女殺手」等鋤強扶弱者是有型士，九零年代「Mark 哥」、「賭神」，冷漠、耍手段、賺大錢、向上爬，才是理想的模範。殊不知大社會的台詞對白規劃了一個又一個倒模的「樣板人」，吞蝕了真我。

在各種心理學模式的論説中，似乎都不約而同指出自我與二人關係，及至羣眾關係中有一種拉扯的張力。

西方的心理學，其實源自西方的哲學傳統，西方傳統中的自我觀把自我看為一個自給自足的個別體，着重理性、意志、自我要求、自我領域，任何人要進佔或剝奪自我權益，都不受歡迎。有你無我，是一種壁壘分明，人我二分的思想。這種概念式，二分的自我觀源自對西方文化影響深遠的笛卡兒（Rene Descartes）。

一、自我即是思想的主人（Self as a thinking subject）

笛卡兒說：「我思故我在。」（Cogito, ergo sum）這句說話一直影響着數百年來的西方傳統。他的意思是說，我如何得知我是誰呢？每當我在思想的時候，我就察覺我的存在。這個思想使西方文化推崇智性、理性的文化取向。我之所以為我，因為此時此刻，我的獨立思想與你的不同，我是開動我大腦的主人，所以，我就是我。這套自我觀隱含着幾個意義：自我是個別的（individual & isolated）、獨立的（independent）、會思想的主體（thinking subject）。

笛卡兒的自我觀，聽起來動聽，但實質上引來許多文化流弊。

首先，笛卡兒的自我觀帶來西方將思想與肉體二分的二元論。肉體有如一具在操作的機器，但思想不佔物質空間，無形無體，居於肉體之中，有如主宰着肉體的幽靈。

很不幸，笛卡兒這套「思想——肉體」的二元論泛濫影響着整個西方社會的世界觀，感情與理性二分，思想與行動二分，理論與實踐二分，知識與信仰二分。與中國人陰陽乾坤，虛實相近、弔詭圓融、整合的世界觀大相逕庭。試問，有多少時候，我們對自己的行為無法解釋，或明知故犯；多少時候，我們憑直觀去工作、生活、交朋友、作抉擇，有時對有時錯，在諸般體驗中孕育知識，甚至未必懂得整理思想。在我們未有成熟的思想以前，我們每時每刻都在與人交往，與世界交往，沖擦着高潮起伏的生命，那麼這個願望、衝動、熱情、行為的動力有時與思想無緣，難道就不是自我的一部分？到底人的核心在哪裏？

二、自我即是一個踐行者（Self as an acting agent）

八零年代，我在蘇格蘭唸神學的時候，其中一個重大的收穫，就是弄清楚西方自我觀的演變和近代基督教信仰對自我觀的詮釋。笛卡兒以後，蘇格蘭一位哲學家麥梅尼（John McMurray）便曾突破了這種二元論的框框。他的著作 *The Self as Agent* 嚴厲地批評笛卡兒的二元論，因為倘若思想與行為、理論與實踐二分，無形中破壞了、摧毀了整全的人格（disruption of the integrity of the self）。人的自我人格若是分割，那麼一個實際的、肉體的自我未必有思想，一個理論的、精神上的自我則未必有行動，這樣子分割自我近乎荒謬。

麥梅尼主張自我是一個踐行者，因為一個人在實踐的時候，他的思想、情感、肉身全體在活動的狀態。所以，自我等同行動的代理人。麥梅尼在此較笛卡兒高明，他嘗試表達一個整全的人，可是，倘若一個人無法行動，例如一個傷殘者，他到底有沒有自我？這時候，我們關心到一個人省察自己、反省自己的行為算不算一種行動？一個丈夫在反省到底是否愛自己的太太，這個反省本身是不是代表了愛？

有一個更嚴重的難題，就是人是一個有動機有意圖的生靈。兩個人做相同的行為，例如兩個人同樣捐款賑災，但各懷不同動機：一個是出於人類的同情悲憫；另一個出於沽名釣譽。兩個人的動機、意圖不同，整個自我的氣質也就很不相同。所以，麥梅尼的自我觀也未能盡善盡美。

然而，麥梅尼的自我觀仍是可取的，因為他突出了人的整體性，並且指出人可以行動，以行動說明他內心的情感、信念、理想。可是，他的思想仍然走不出把人規範在一個自給自足的概念框框，好像人有如一個玩具箱，可以清點存貨地計算內中有多少玩具；即是說，把這個人內裏的特質、優點和缺點加起來的總和便是這個人了。

三、自我即是能與人相知相悅的仁愛者（Self as inter-personal communion）

「我是誰」的確是一個令人苦惱的課題。二十世紀英國一位神學家史胥黎（John. D. Zizioulas）提出一個劃時空的答案：being as communion（人存活在相交之中）。他的著作 *Being as Communion* 從研究歷代教父思想、教會傳統及四福音而總結出人存活在相交之中的答案。令人欣喜的是這個由神學進路尋覓出來的答案，與哲學家布伯（Martin Buber）倡導人真摯的存在是繫於你我的關係中（authentic existence is existence in the I-thou relationship），彼此遙相呼應。而布伯的哲學思想引起近代人傳誦和注意，更令人興奮的是這些看來深奧複雜的思想亦早已記載在中國古代的典籍中。《論語》云：「人者，仁也。」意思是，人之所以為人，就是二人相處有仁愛表現的意思；而仁愛的「仁」字正正是「二」字和「人」字組成的。這樣說來，古今中外，都曾有睿智者體會到人之所以為人，我之所以為我，是由於我是能夠與人相交相知相遇的一位仁愛者（person）。建基於仁愛者（personhood, capable of inter-personal relationship）的自我觀一下推翻了西方數百年來的文化傳統。自我並非一個抽象的、思考的主觀精神（abstract, thinking subject），並非一個自給自足的個別體（self-contained individual），也並非一個臭皮囊框住許多的特質（attributes），而形成行動的總體（an acting entity/agent）。西方文化傳統的自我觀都是把人用一個粗線圈起來，個別處理，然後一刀切割，解剖出裏面的行為、思想、情感、意識，然後又將個別思想感情逐一解剖認識。西方的心理學傳統完全是這樣的人觀和自我觀，所以人的性格分為外向、內向、優點、缺點，殊不知所謂優點、缺點完全是一個人整體的兩面，恰如銀圓的兩面。例如，一個溫馴忍耐心腸軟的人自然很容易優柔寡斷。但西方心理學把人切割後，就希望做大手術，把所有負面的所謂缺點剔除，再裝嵌各樣正面條件，形成一個完美的總體。可惜，這只是一個非人的幻想而已。在兩性的相處中，我們也常常受這些錯誤人觀的影響，有意無意中，希望對方改變，迎合自己的需要，很難視對方為一個完整的人，不論好好壞壞、是是非非全盤的接納過來。

又由於我們誤會了人是自給自足的個別體，有着一堆既定的特性，所以，我在與人相處的互動中，在犧牲、遷就、進退間，就十分害怕失去了自己；殊不知道，人在交匯中互發光芒才能真正的體現自己，發揮自己。

有時，我們在文化的屏障中，連對上帝也產生同等的誤解。我們問上帝是誰？我們配以一大堆特質：公義、慈愛、全知、全善、全能、無所不在等等。於是，上帝只是一堆善良的力量、生命的資源，而並非一位仁愛者（person）。因此，亦產生許多不必要的爭辯。例如：一位全能的上帝能否創造一塊自己搬不動的石頭？又一位全知全能的上帝已預知我們的犯罪墮落及會否悔改，我們不過是祂舞弄下的扯線傀儡，那麼我們何來自由意志？這些疑團全是由於對一位仁格上帝（personal God）的誤解。

我之所以為我，人之所以為人，是由於我能夠與人建立相知相悅相惜相慕相依相屬的親密關係的仁者。西方 person 一字，推本溯源，是 hypostasis in ek-stasis，即是人的存有在於他能逾越自我藩籬。比喻說，一個畫家整個人的創意和人格精神就存活在他的畫裏，音樂家、作家、舞蹈家都是如此。我們若深刻認識和愛護一個人，相分的時候，相憶至深，正所謂「兩情若是久長時，又豈在朝朝暮暮」？相知者毋須日日接近，歷史上最偉大的人物，在歷史事蹟中恆常存活着，最醜惡的人物也往往離不開他的歷史惡行。人之所以為人，就是由於他可以踏出來，有一種可以穿越自己一個臭皮囊的能力。即使一位傷殘者，也可以以他的生命事蹟，以他的説話、他的畫筆、他的故事，豐豐富富地穿越眾生，轟轟烈烈地活過一生。而人類自我穿越（ek-stasis）最崇高和巨大的能力在於愛，在於惻隱之心。不忍人之心、挽救同胞黎民困苦之心，造成了舒特拉（Schlinder）的魅力、馬丁．路德．金（Martin Luther King）的可愛，還有林肯（Lincoln）、孫中山、昂山素姬、「六四」時擋着坦克車的無名英雄，永遠藏於宇宙心坎。

史胥黎體會人的精神實體是穿越，透過與另一位仁愛者交往而表彰出來的，所以，在親密關係中，人存活在他的「不在場」的時空之中（presence in the absence）。

我竟然在《張老師月刊》中讀到一篇令我心動的文章[3]，裏面寫着相同含義的體會，使我又感動又興奮。我想把許多段動人的文字抄寫下來，讓你也可以一同細味：

「我們從來不知道在什麼時候碰到陌生的人、聽到一首歌，可是在夜晚的睡眠裏，他們親密地走過來，墊在腦袋下面的輕柔枕頭裏……這時我們才感恩於知識，親密的知識。

「我們很少注意到，我們一生有許多東西是沒有記憶的……我們記不得美味當時咬嚼的滋味，記不得某次做愛的身體激動。這些記不得的東西都有一種性質：身體的激動總是沉入親密的關係裏，不見了。但是我們記得的不是抽象的關係，而是活着的具體關係——那是某種幽渺的意味，它不在當場完全出現，總是用某種整體的意味出現在『不在場』的時候。

「……有些東西明明知道它，卻又無法叫出名字的，像音樂就是這樣的東西……感受音樂的想像是很個人的，裏頭有着無名的知識所激越的豐盈。

「所有有關親密的知識恰好正是這無名的東西……」[4]

是他也是你和我

瀏覽了一巡西方自我觀的哲學思潮，近代在關係中實現自我的思潮恰好與中國哲學家的仁者觀匯合。於是乎，人的自我與二人親密關係，不再彼此對立，反而自我在關係中是一種實現自我的歷程和場所。比方說，一個偉大的母親為子女犧牲自己，不是對自我的壓抑否定，而是透過甘心情願的母愛實現了自我。同樣，一位體貼、溫柔、甘心無悔、交付自己的情人，在愛的契合中深深地完成了自己，體現自己的圓滿和美麗。在愛情的豐潤中，人不是更光彩奪目嗎？在患難同當的夫妻拍檔，共渡艱難之後不是覺得一份無言的感激之情，誰也缺不了誰嗎？

然而，人間也許在墮落後總是不完美，若二人攜手，共創可歌可泣的人生旅程，體現自我，這是難能可貴的高峰境界。可是人總是多變、脆弱、不成熟，而且充滿缺陷。有時單方面的犧牲只會造成對方的強權，單方面的付出也可以形成對方的依賴、放縱。久而久之，抱怨、羞憤積累、隔膜疏離、冷戰、熱戰。二人相交，如何獲得心靈富足，自我完整，共創美麗的旅程？我們很需要有血有肉的榜樣。

仁者耶穌

每當我沉思，認識到天地間這渺小的自我，卻是矜貴的、踏實的，在繁星輝映，月兒光照底下，我活着，而我的活着，就在乎自己精神實質的全人體現，會跑會跳，會哭會笑。這種體現就體現在愛裏——與自己親密的愛，與別人親密的愛；這愛就是人被造時真正人性（true humanity）的活現，也就是上帝的形象的本義。這種了解使人自心底產生一種和平踏實的安詳，好像有一個溫軟的墊褥托住，好經歷人間的風風雨雨。

可是這種嶄新的人觀和自我觀，沒有榜樣，是很難了解的。於是，我想到了耶穌。

人子耶穌

耶穌基督是一位歷史人物，從歷史事蹟，以及祂同時代信徒的見證和《聖經》的啟示，我們知道原來祂就是上帝的兒子。這個神子原來也是人子，這番真理造成早期教會許多爭辯和困惑。這神人的結合到底是怎樣的呢？祂是不是半個上帝加半個人？或者平常是人，行神蹟的時候就變成上帝？但教父亞他拿修（Athanasius）沉思默想精密而深邃地闡釋：耶穌是完全的上帝，也同時是完全的人，在耶穌本身親身體現了真正的人性，並符合真正的神性；同時，真正的神性，亦包括了真正的人性（truly divine & truly human）。

耶穌也沒有談戀愛

這位真人耶穌的情感世界是怎麼樣的呢？在耶穌有生之年，祂有沒有談戀愛？這是一樁極有趣的事，在《聖經》的記載之中，傾慕耶穌的女子很多，卻沒有記述耶穌與任何一名女子約會、相戀、定情。這是什麼緣故？深情的耶穌怎麼沒有相慕的女子？我們可以嘗試推想，最顯淺的會想到幾個因素：首先，耶穌有生之年實在太短，三十三歲的英年早逝，在社會四處走動不過是三年時光。其次，耶穌肩負人生使命，祂的生命十分充實，從早到晚，纏着祂的擁躉（fans）都是貧病無依、孤兒寡婦、稅吏、妓女、平民百姓，祂實在連吃飯睡覺的時間都沒有，何來談戀愛的工夫？這些推想說來言之成理，但最最重要，不能忽略的一點，倒是社會文化背景。在公元後三十年的社會，在中東猶太的文化背景，根本尚未有談戀愛這個活動和這個觀念，有如中國古代社會所有人一旦到了適婚年齡，就會順從父母的安排嫁娶。耶穌活在真實的歷史時代中，當然也不例外。

可是，我們卻觀察得到，是耶穌的生、耶穌的死和復活，把人類自由平等，以及兩性自由平等的觀念突現出來，直接影響着西方文化，及後期西方文化所孕育出來的自由戀愛思想。

在耶穌的生平事蹟中，耶穌從不忌諱與婦孺走在一起；在祂的生命中，十分尊重、愛護和抬舉婦女。馬大和馬利亞是耶穌經常來往的好朋友。有一次，耶穌在法利賽人西門的家裏用飯，有一個不知名的女人，可能是一名妓女（她可能聽聞耶穌事蹟，慕名而來，甚至可能曾經親眼看見耶穌對在社會被歧視、被踐踏、被遺棄的人如何體恤憐愛），拿着一瓶極貴的香膏，用現代言語説，可以説是極高級的法國香水。她站在耶穌身後，看見耶穌寬容的慈顏，想起耶穌救病扶危的事蹟，一時感懷身世，忍不住悲從中來，她的飲泣化為滴滴清淚，滴濕了耶穌的腳。她羞慚傷感悲慟，百感交集，不顧一切，用頭髮把耶穌腳上的眼淚抹乾。一時間，眾目睽睽，四壁鴉雀無聲，法利賽人、門徒、其他客人注視着耶穌，看祂有何反應。耶穌沒有一腳把這無禮的妓女踢開；亦沒有縮起腳來，正襟危坐的説：「男女授受不親，女子，你遠去吧！」耶穌沒有教訓她、沒有呼喝她，沒有拒絕她，都沒有，都沒有；也許，耶穌只是深情款款地看着這位身世可憐、家境複雜、賣身過活、有苦自己知的、上帝所造所愛的女子。

她感受到耶穌這樣地接納她，激動得連連親吻耶穌的腳，把自己全副的營生本錢——高級香水，擦在耶穌的腳上，一室薰香。

看啊，多麼動人的畫面，多麼劃破時代傳統禮節規條的創舉，多麼直接而真摯的人與人之間的相遇！再沒有界限、年齡、角色、性別、階級和身分，就只是一個人與另一個人的真情相遇。難怪眾人震驚，難怪門徒和法利賽人都目瞪口呆，耶穌實在太「出位」了，四下竊竊私語。

耶穌說什麼呢？

耶穌說：「她許多的罪都赦免了，因為她的愛多。」

耶穌洞悉這女人背後辛酸、激動、感恩而真摯的淚，每一滴淚珠都是愛，而每一個大膽的舉動都是出於愛。

耶穌輕聲地俯身對女人說：「你的罪赦了。」

亦即是說：「你的冤屈掃清了，你殘破的過去修補了，你的羞恥和罪咎抹掉了，你的自尊重建了，你得着解放，你可以自由了。」

這件事蹟的意義是多麼恆久而深遠，它刻畫了人間的相惜相遇。

還有一次，耶穌對另一位女子馬利亞有着極豐富的感情的流露。耶穌樹大招風，被猶太人以莫須有的罪名慘遭逮捕和殺害了，祂的親人，祂的門徒和朋友，一片愁雲慘霧。

細心細意的馬利亞心情多麼難受，大清早就跑到墳前想祭奠耶穌[5]，可是，耶穌連屍首都不翼而飛。哦，日夕思念的主往哪裏去了？馬利亞慌了，一時沒了主意，只顧失神地哭，「主啊，主，祢往哪裏去了？」終於耶穌向她顯現，她還是心煩意亂，全不察覺，耶穌就這麼簡簡單單的呼喚一聲馬利亞的名字。

「馬利亞！馬利亞！馬利亞！」這個熟悉的聲音，這親切的呼喚，擦出了馬利亞與主相交的回憶中的千百度回響。

「馬利亞！馬利亞！馬利亞！」

就只是這麼簡簡單單的三個字「馬利亞」，就盛滿了只有馬利亞和耶穌彼此才能明白的親密意識。

「拉波尼！」（拉波尼就是夫子、老師的意思。）馬利亞轉過頭來、轉過頭來、轉過頭來。若是拍電影，這個鏡頭處理大概是重複連環慢鏡。馬利亞和耶穌在塵世中，在永恒中相認了。

正如余德慧所說：

「……我在黃昏路上看到一個媽媽帶着她的小女兒散步：很驚訝那緊緊抓住媽媽的小手，心想：在這世上，她怎能如此全心全意的認了一個人叫『媽媽』？『認』這個字突然在我心中起了『魔咒』——『認』是『沒有間隙的接近』……

我們認了彼此。這樣的認，早在我們不必說的地方，瀰漫在爾後生命的暗處。即使我們會吵架、會分離，在無言之處，我們依舊認了彼此。」[6]

耶穌這個真人的真情摯愛，在人間與人親密相連，又何需多費筆墨言語！

耶穌——愛的化身

正在閱讀這本書的你，相信定必有一份很大的熱誠，想探討愛情的真相，才滿有耐性地與我一起探索對話。我想愛情是人間愛的一種，美好的愛情可以把人間愛發揮至巔峰的境界。然而，愛到底是什麼？當人年事漸長，對人間情愛起伏有一點體會時，甚至不敢說：「我愛你。」因為會懷疑自己到底有沒有愛人的力量，有時甚至十分困惑何謂愛。在婚姻輔導的個案中，有些夫婦遭遇人生階段一些危機患難，或者七、八年以上的夫妻情感褪色，再沒有牽腸掛肚，再沒有新鮮驚喜，忽然會懷疑自己是否愛自己的伴侶。倘若此時此刻出現一位聰明能幹、善解人意的第三者，彼此交談投契，有着與妻子沒有過的另一種激盪感情，即使只是互相傾慕神交，沒有肉體接觸，都會大大懷疑自己到底是否「愛」自己的配偶，又是否「愛」這個第三者。何謂愛？這個「愛」字被社會劇變的人生哲學，和呈現的情感波動愈是搞得撲朔迷離。

何謂愛？耶穌這個真情真性的真人大概能給與我們一點啟示。我很喜歡佛洛姆在《愛的藝術》中所詮釋的愛的素質。[7]

佛洛姆提到愛的四方面的素質：

一、關懷愛護；

二、負責任；

三、尊重對方；

四、彼此相知。

一、關懷愛護

古代人崇尚以他人為中心，提到關懷，多會想及對方的福祉；現代人強調自我，說到關懷愛護，會不自覺地以自己為軸心地打轉，還感到理所當然。

關懷愛護，不是關懷對方是否有成就、有出色，是否每天給自己一個電話，懂得在重要日子給自己一個驚喜；關懷不是關懷對方的打扮儀表是否令自己稱心，關懷對方是否醒目、有調情技巧，贏得自己的歡心。

關懷基本上是出於一份惻隱的情愫，不忍人受傷，對對方的矛盾、脾氣、苦惱、壓力有着感同身受的切膚之痛，並且關懷是關懷對方整個人的人生取向、生命福祉，對方是否上進、自愛、成長，是否獲得幸福？這種關懷愛護與佔有慾、權力慾無緣。這樣的真摯關懷令人有勇氣、冒呵責之險，正所謂「愛之深，責之切」；冒被人辜負的危險。對方是完全自由的，甚至可以辜負自己、離棄自己、忘記自己、偏行己路，這種關懷太困難了，才看得出背後來自極重大的愛，愛的着緊，愛的資源。

耶穌一生人對所有人都充滿關懷，我只想提出幾件事蹟，觀微知著。耶穌在畢士大池子旁邊關懷愛護一位患病三十八年的人。在池子旁邊，所有人都是傷殘病患，為何單獨關懷這一位？耶穌在畢士大池旁觀時，敏銳地覺察到每當池水攪動的時候，好些人不約而同走近池子，或快或慢總有機會跳進池子去。只是這一位病人靜靜地躺着，每逢池水波動，他就露出竭力而艱苦的神情。可是身體都挪移不動，這樣躺着躺着，可能一直躺進墳墓去，還未有機會下水。耶穌在敏銳的觀察中，與病人痛苦的悲情和焦慮沮喪的心情產生連繫，動了惻隱，關懷地詢問他：「你要痊癒麼？」這一番留心、重視和詢問本身已充滿了愛，因着耶穌的關懷，這個患病者得了醫治。

耶穌因為關懷羣眾，以致放棄了退修的計劃（參〈馬可福音〉6：30-34），悲歎羣眾如同羊沒有牧人一般。耶穌因為關懷敬拜天父的聖殿而大發烈怒。祂關懷諸城各人求奇蹟異能，卻不肯自我反省，於是情不自禁地責備他們，預告他們人生的禍福（〈馬太福音〉11：20）。祂甚至「同情」鬼羣，鬼羣再三央求耶穌不要把牠們趕離人身後變成無主孤魂，祂就順了鬼羣的請求，讓牠們附上豬羣去（〈路加福音〉8：26-33）。

耶穌的關懷愛護來自一顆清純而善感的心，並一種對人羣 / 別人命運的承擔，這樣的關懷愛護又怎麼會去計較愛人的成敗得失，有沒有應得的回報？

二、負責任

「負責任」一詞聽起來使人感到是一堆刻板、外在無情的規條，無論自己順意逆意，只得憑着道德紀律的要求死板行事。有些人說為了負責任所以不肯與女朋友分手，或不肯與太太離婚，卻又沒有動力去探討改善，維持着空洞無味的關係，這就叫做負責任嗎？

佛洛姆把負責任（responsibility）剖析得很好。負責任，就是對於有關係的對方隨時準備好，願意和付上能力去回應，回應對方的需要，回應彼此共同遇到的患難和危機（ability, able and ready to respond）。負責任的爸爸會按時付家用，是願意回應妻兒家庭開支的需要；負責任的媽媽留在家裏不去搓麻將，是回應兒女需要照料提攜、丈夫需要在放工後有一個舒適的家和一頓熱的飯。負責任的情侶在多年戀愛後關係亮起紅燈，會積極地溝通檢討、尋求改善，或者在一些無法疏解的矛盾中，抱着尊重和感激欣賞對方的心情分手，而不是把問題視若無睹，抬出「責任」和「良心」的名詞勉強踏進婚姻去。

這樣子理解的責任感是自主的、積極的、樂意付代價的，又怎會帶來抱怨、指摘或悔恨？

耶穌一生人對周圍人的呼喊需求不斷作出回應。瞎眼的得看見，跛子能行，病者得醫治，被歧視者重獲自尊，受困擾者得自由，飢餓者得裹腹，婚筵中得美酒。有一點我想強調的是，負責任的人對別人的需求隨時準備好作出回應，卻不一定依足對方的索求回應，否則基督徒的菩薩心腸很容易被利用成為傀儡公仔。耶穌給我們很好的榜樣。文士和法利賽人要求耶穌作一個神蹟來看，耶穌同樣有回應，但祂的回應是：「一個邪惡淫亂的世代求看神蹟，除了先知約拿的神蹟以外，再沒有神蹟給他們看。」(〈馬太福音〉12：39)法利賽人和文士當時要求神蹟，但耶穌看穿他們實在需要一番當頭棒喝的教訓。

這樣看來，負責任的人不單要有能力、肯付出，而且還需要鋭利的洞察力和智慧，了解對方真正的需要。

三、尊重

佛洛姆給與尊重一個全新的注解。Respect（尊重），字根是 respicere，解作 to look at，就是看見的意思，即是能夠忠於對方的本質來看見對方的獨特性，讓對方有空間、自由去成長、擴展和開拓自己，這就叫做尊重。[8]

耶穌常常透視人心，祂看見彼得的率直、膽怯、魯莽，三次不認主；祂看見猶大會賣主求榮；祂看見撒瑪利亞井旁的婦人有五位丈夫；祂看見窮寡婦兩塊血汗小錢；祂看見十架旁邊的一位強盜有悔改的心……

而最令我感動的是耶穌在無花果樹底下「看見」拿但業。一次，耶穌要往加利利去，祂呼召腓力跟隨祂，腓力興高采烈去找弟兄拿但業，告訴他遇見摩西和先知所預言的基督。拿但業為人心直口快，帶點輕蔑的説：「拿撒勒還能出什麼好人好種嗎？」

耶穌「看見」拿但業，就指着他説：「看啊，這是個真以色列人，他心裏沒有詭詐。」

拿但業十分詫異，問耶穌：「你從哪裏知道我呢？（意思是：你怎麼認識我的為人呢？）」

耶穌回答說：「你在無花果樹底下，腓力還未曾同你打招呼，我就看見你了。」

（參〈約翰福音〉1：43-51）

這是真正的「看見」，耶穌遠遠看見拿但業，可能看見樣貌、神情、衣着、姿態，祂就看出他的稟性來。耶穌尊重這個率直、會得罪人的拿但業，欣賞他心裏沒有詭詐，這是真正的看見、真正的尊重。相反，拿但業沒有細心去觀看耶穌，去認識耶穌，所以就出口不尊重的説話：「拿撒勒還能出什麼好的麼？」這真是一個叫人會心微笑的對比。拿但業事後一定會為自己的傲慢、出言不遜而慚愧。

四、知識

佛洛姆所説的知識並非圖書館、百科全書裏面的概念知識，他所指的是對別人心底深處的了解和認識，即是對對方心底的渴求、需要、慾望、潛能、動機、惶恐、隱秘的一種了解和認識。[9]

耶穌對彼得的了解，實在十分動人，在〈約翰福音〉二十一章中可見一斑。

耶穌在十字架上殉難了，日夕相對的主耶穌，亦師亦友，這樣一下子就永別了，才不過相處相識了三年的時光，就這樣死於非命了。大情大性的彼得，傷痛哀悼的心情不難想像，大概他在夢魂中也時常喊着耶穌的名字。

一日夜半，彼得聯同夥伴在提比哩亞海打魚，竟夜不獲。這時候，耶穌在岸邊顯現了，唯有心思細密的約翰察覺，對彼得說：是主。

哦，是朝思暮想的主！是魂牽夢繫的主！彼得幾乎光着胸膛，衣服也差點兒來不及披上，撲通一聲，就跳進海裏，急不及待迎見主。

天色初亮，岸邊，燒着熊熊的炭火，噼噼啪啪，燒着陣陣魚香。擁抱過後、熱淚過後，大家好像經歷過幾世災劫，劫後重逢，太欣喜太悲慟而無語，再毋需一言一語。

門徒中沒有一個問祂「祢是誰」，因為都知道是主。

在和諧肅穆安詳中，吃過了早點，耶穌開口說話，對象不是別人，而是彼得。

不是闊別的垂詢，不是禮貌的客套話，不是淺談風月，而是簡單直接、斬釘截鐵，直指心靈，如鋒利的寶劍，一出鞘就直中要害。

耶穌說：「約翰的兒子西門，你愛我比這些更深麼？」

此時此刻，西門彼得的心臟必如野馬奔騰，篤篤亂跳。

（耶穌一開口發言就叫我的名字，真是甜在心裏，百般滋味，與我交談就這般中我心窩。我正想說：主啊，我對祢朝思暮想，牽掛祢牽掛得心煩意亂。）

「主啊，祢知道我愛祢。」幾乎是衝口而出，不假思索。

耶穌多麼深切認識彼得、了解彼得。耶穌知道彼得的節奏，耶穌知道彼得的熾熱激情，就如節拍明快的鼓手。耶穌知道他有義氣、愛逞英雄、喜歡受人注意、快人快語、死心塌地，但祂也知道這樣性急的人耐不着深思熟慮、思慮不周、大起大落，有大熱情又有大恐懼，不能持久。

耶穌以重複的慢節拍調校彼得的急性子，以明刀明槍去回應彼得明朗動人的真性情，又以細緻的溫柔去化解他的大喜大懼、大怨大憂。

「約翰的兒子西門，你愛我麼？」

「約翰的兒子西門，你愛我麼？」

耶穌一而再，再而三，溫柔、穩定而認真的與彼得對話。

從沒有這麼露骨而直率的求愛的話；從沒有這番揭露心靈的狼狽質詢；從沒有這麼你我相見的踏實的溫柔。耶穌的探問，從彼得第一層外層的面子、雀躍、躁熱，一直下沉到核心裏的焦慮惶恐。唯有耶穌真真正正認識彼得。

耶穌在世的時候不多。然而，這番相知的對話，相信撞擊着彼得的心靈，直到他老年殉道。

耶穌的愛，並非盲目脆弱、菩薩心腸，祂的愛對人有着真知識。

上述愛的三個素質，關懷、負責任和尊重，全部要建基於對對方真正的了解和認識，不了解對方渴求、需要，會亂投藥石，白費苦心，或嬌縱對方，或使人煩厭，適得其反，不是適切的關懷。不認識對方需要、慾望、動機，就不能適當地回應，負真正的責任；不能認識對方的氣質潛能，不能正確地尊重對方，讓對方自由開拓。

要真正了解一個人和認識一個人，以致彼此共鳴，心存默契，這是談何容易！有時人連自己也不了解自己。

要認識一個親密的伴侶，可能要窮畢生的智慧和心力，在錯誤中摸索悔改，在彼此的付出、體諒和關懷中曲折地成長，這愛的歷程是多麼艱辛，又多麼新鮮、刺激而有趣。可是，倘若不能接納愛的源頭，不斷自我更新成為仁愛者，又怎能不對這艱辛的愛的歷程感到灰心而絕望呢？

這個約：誓約？合約？盟約？

二人長相廝守的親密關係是一個約，是兩個個別自主的人自由自願地走在一起的約。

觀看昔日的粵語片，兩個俠士俠女相遇，互相傾慕，就跪在山頭，誠心實意地向天地起誓，求天地見證他們的婚盟，就成為夫妻了。這樣的一個畫面，是令人感動的。感人之處在於簡單、真誠、認真，而牽涉天地主宰古今命運的含意。兩個人結婚，所有慶典、禮儀、服飾、酒席，都只是喜樂的表徵和襯托，最主要而簡簡單單的就是二人相對，表達一種愛的意志、一份愛的承諾，不惜以起誓來約束自己、見證自己、交付對方，而且赤裸着心靈虔誠地告訴天地宇宙萬物的神靈主宰。

誓約的確感人，然而，以誓言約束力，或意志主導去劃定了終身的愛情，想深一層，多少有點冒險。有時我們誤會了人成長到一個階段，大概是十八歲或二十一歲，就造成了人格心志的成熟發展，而成長也就固定了，人生方向也就循這種固定了的人格軌迹去發展，但事實是否如此？古時候，男性主導，女性在二人關係上是依附和從屬的，嫁雞隨雞、嫁狗隨狗，即使夫君變了汪洋大盜，娘子就都甘願追隨做個賊婆娘。古時的女子真太有「情義」啊？於是乎，依從的女性自然就與主導的男性產生混合的人生方向，或者女性一方毫無什麼意義、方向，生子教子就過完一生了。

事實上，兩個完全自主的個體一生人都在轉變中，人生處境在轉變，際遇在轉變，人也在生命歷程的適應和衝擊中互動轉變。有些人經歷破產、生意失敗，整個人意志消沉。有些人遇見親人或密友重病、遇意外離世，氣質頓變滄桑，甚至一生人都不再回復從前的簡單歡愉。這就是説，人的一生是一場未知數、是一場冒險、是一場嚴峻的考驗，而人就在這些起伏升沉中不可預計地或成長或陷墮。既然如此，兩個不同的個人走在一起，在人格氣質上，在人生方向上相遇而相合，並非自然而然的事，而是不斷的努力、付出，一再委身、一再打滾地相輔成長。

合約與盟約的分別在哪裏？今時今日，經濟掛帥的大都會，所有關係，包括婚姻關係都變成一種合約。合約，簡單來説，是彼此列出條件清單，互相能符合對方需求，互換利益，完成一樁合理交易，稱之為合約；倘若彼此條件利益有所轉變，與期望不符合，就可以毀約。

許多現代人視婚姻關係為一樁合約。合約的聯署人不一定是無情的，也不一定着重物質利益，他們也可以以精神、情感的利益作交換。舉例説：美思一向與家俊很合得來，家俊喜歡美思文靜，凡事不多意見，溫婉順服。美思喜歡家俊有領導能力，勤懇負責，叫人有安全感。可是，過了幾年，家俊在事業上很不順利，人事複雜，常常心情焦慮、抑鬱，以致脾氣暴躁。他開始期望美思轉變，因為他內心需要與戀愛時期的需要不同，他需要美思多些意見、主動，少一點依賴，積極自信地多處理對內對外大小瑣碎事情。從前家俊合約的清單需要美思：文靜、順服、被動；現時對美思新的需求：主動、能幹、分擔壓力。倘若兩個人能彼此體恤，互相鼓勵適應，逐漸轉變，那就可以過渡危機，這出於十分忍耐的愛。否則，家俊就會逐漸嫌棄美思幼稚、被動、不夠醒目、依賴性強。美思可能亦會覺得家俊失去昔日的愛護溫情，「貨不對辦」，逐漸彼此抗拒，演變成性格不合。所謂性格不合，就是互相無法接納對方的轉變，內心需要無法滿足，於是乎合約就拆散了。

這就是合約關係的意義。

合約關係的重點是自我滿足感，着重察覺自己的需要和滿足自己的需要，二人相處在乎合理交換。而不是不理環境、不顧一切、不計生死，去愛對方，以對方的利益、幸福為大前提，凌駕於自己的利益。

盟約的關係是兩個獨立自主的人，自願且自由地邁進二人合一的境界。所以，盟約關係的雙方也是有高度自覺性，體察自己的需要，竭力尋求幸福的。所不同者，盟約關係是以一種尊重、珍惜的眼光去重視對方，因為對方不是提供滿足我個人需要的對象或手段，而是認定對方是一個尊貴、美好，與自己一模一樣是一個需要愛及被愛的人。是兩個追求成長的個體在愛中交往的歷程，是一個冒險的歷程，是充滿動感的關係。盟約關係注目於對方的幸福和人生命運，發乎情、出自愛，自願將自己的一生命運與對方緊扣起來。

在盟約關係中的配偶有聲無聲地告訴對方：「我將我的生命交付你，我容許你進入我生命中影響我生命的素質，我這個人未來人格的形成，和人生的前景將與你緊扣在一起，團聚契合。」有了這樣高度的自覺性和自主性才能決定進入盟約關係。若單為了其他因素，如為彌補個人生命的遺憾，逃出不愉快的家庭，拍拖時間太長或奉「子」成婚的道德責任都妨礙盟約關係。

愛情的終極意義，在乎愛的盟約。愛的盟約就是兩個仁者（person-to-person）終身的委託，彼此建立和塑造。仁者赤露敞開、坦誠互見，在驚濤駭浪中彼此雕塑。這種仁者的相交（person-to-person encounter）指示着一個至高層次和至圓滿的溝通理想。

仁者相交的溝通必要打通兩條通道，一是當事人打通自己內心的秘道，銜接自己心底感情、渴望和需要；第二條是將自己心底的秘道和對方的秘道暢通接駁，於是，這種溝通不光是知識上的，或情緒發洩的；而是整個人全情投入，帶着自己的背景、夢想、人格，向對方剖白自己，在愛的洗滌和光照中，彼此增進自尊，抹去盲點，敢於成長。這樣仁者相交的溝通不是向對方投訴、批評、糾正、要求、需要，反而主要是傳遞以下的信息：我認識你、我了解你、我接納你、我不為什麼地給你尊重和肯定、我很喜悅真知道你、與你在一起。這樣的信息不斷相互交流，人就在自卑、顫慄、防衛、萎靡、頹喪中經洗煉，被抬舉，從而振作起來，煥發成長。

可以舉一些溝通的例子。

「我真不明白你為何這麼囉唆？」（這話顯示彼此缺乏了解。）

「我希望你不要事事那麼認真關注，那麼囉唆！」（這話表達一點對對方的認識，卻缺乏接納和肯定認可。）

「唉，你真囉唆！但既然我倆已結婚，這是你的個性，我也沒法子，隨你怎樣就怎樣！」（這句話包有遷就容忍，在某程度上接納對方，卻不欣賞或肯定對方。）

「我實在喜歡你這個人心細如絲，凡事照顧周到，對我更是十二萬分着緊，有你提點，是我的幸福！」（這句話表示毫無條件地了解對方，接納對方和肯定對方，喜悅對方。）

倘若出於情愛，而對對方有這樣裏外一致的回應，毋須爭持，對方自然放棄「囉唆」的辦法，繼續細心周到地提點伴侶。即使對方沒有改變，無條件的欣賞接納就是愛的基礎，在這樣的愛的前提下，雙方都給對方一些兒空間去容許一點點瑕疵、弱點，自由自主地做回自己，而同時由於感激對方的厚愛，而自動自發地上進成長。

這就是為何盟約可以經得起風浪，可以指向一生一世的承諾的原因。

注釋：

1 Erich Fromm, *The Art of Loving*, (U.K.: Harper Collins Br., 1957), p.15.

2 詳參 Jean-Paul Sarte, 'Existentialism as Humanism' 一文。

3 余德慧〈親密相知天地寬〉，《張老師月刊》(一九九五年六月一日)，頁 12-22。

4 同上，頁 20。

5 這段事蹟詳見〈約翰福音〉20：1-18。

6 〈親密相知天地寬〉，頁 14。

7 *The Art of Loving*, p.28.

8 同上，p.30。

9 同上。

第四章

如何把愛情定位

愛是動態的，

是繫於兩個有靈魂的主體，

是變幻莫測的歷程。

情是何物？

問世間，情是何物？有些人把愛情看得很重要，為之生為之死，甚至成為人生的全部意義所在；可是有些人卻把情愛視作等閒，把愛情視為青少年時期戀愛的甜蜜經驗，一旦結婚了，或者決定終身不結婚，便可以放棄這個遊戲。到底在劇變的現代社會，如何把愛情定位？

對情愛的四種態度

「愛情者，合則來，不合則去。」

這套愛的宣言最能代表現代人或後現代思潮中的人的看法。整套思想的核心基於個人主義的追求，這種個人主義把每一個個體清清楚楚劃分出來，亦即是說，你的幸福憂愁痛苦，基本上與我無關，我的憂愁痛苦亦與你無關。流行的說法是「各顧各的事」（Mind your own business），每個人要認定自己歡喜快樂的事，竭力追求，若所追求的目標，無論是朋友、職業、戀人，只要發現不能為自己帶來歡喜快樂，就可隨時放棄。朋友可以「擘面」，工作可以「跳槽」，戀人可以「掟煲」。總之我不害人，人不害我，自己追求自己的樂趣，有何不可？永恆這個詞不在關係上，不在意義上，完全立足在自我主觀的感受和實利上。

從這種自我主義、實用主義出發者，關係的倫理會演化成一種交易的倫理（exchange theory），你能給與我快樂，我又給與你溫柔，一旦這項交易失衡，你我可以終止交易，無拖無欠。

抱這套愛的哲學的人，看來顯得十分灑脱，其實是不明白人和人際親密關係的一種自欺。曾有一個案例是這樣的，一位女孩子與有婦之夫發生戀情，她鼓勵對方與太太離婚，她認為既然雙方感情不合，就可以離開，有何不可；甚至若對方不肯離婚，做他情婦，得到快樂，亦無不可。她的話説起來輕鬆，但當男方決定與她分手，她就沒有「不合則去」那麼瀟灑，傷心絕望，企圖自殺。

「愛是一場轟轟烈烈的燃燒。」

情深似火，兩情相悦，彼此交付，不顧一切，一場熊熊愛火轟轟烈烈地燃燒，多麼令人羨慕，古今中外文學著作都在刻畫這種難能可貴的浪漫情懷。這套愛的哲學根植於理想主義和浪漫主義，這種愛的追求捕捉到相愛的巨大力量，歌頌人間情愛展現的高峰。然而，浪漫主義太相信人的美善，亦相信人可以創造愛的奇蹟，羡慕剎那間超越的火花，無法接納人間沉悶、平庸、日復一日的枯燥瑣事，在剎那光輝過後，很容易掉進理想幻滅的深淵。

「愛是緣，緣來又緣去，緣盡即愛盡。」

坊間許多言情小説，描述男女主角的邂逅，或遭橫逆阻滞而分離，很多時會賦與緣到緣盡的思想。「緣」到底又是什麼呢？這觀念來自佛教思想中，人生的契機，就是説在冥冥之中，人有一種相遇相知的機緣，亦可以説人間有一種大於人的命數在掌管人生，人不可以掌握緣分，只可以順應緣分，顯現着一種體會人的限制的無可奈何，也透露着一種宿命的情緒。這種宿命主義正好矯正浪漫主義過分天真樂觀的自信，卻又失於不肯進取、不敢奮戰、不能負責的虛與委蛇的情緒。中國文化常常瀰漫着這種沉默不是懦弱的投降合模主義，在愛情的路上也是被人為因素、環境因素、自我因素牽來扯去。

然而，站到一個高層次的觀點來説，內中卻有深刻智慧。倘若人間沒有一位永恆的主宰賦與人類自信和自主，沒有美善和愛的源頭，人的確在情愛的洪流中緣來緣去。

「愛是生生世世的道德責任。」

愛固然是一種美德，真正的愛自然是負責任的愛。也許，強調道德責任是過分着重官能感覺和個人喜好的社會的一帖良方。然而主要從道德責任的角度去視察愛，不免掉入了教條主義的框框。倘若推到極至，不但不能把情愛表揚，反而把真情真性扼殺，徒具蒼白的行為規範。以一種教條主義的道德準則要求去視察愛情多半是教會、信徒、教育家或道德學者持守的態度；然而，耶穌基督卻反對教條主張，祂重視人自由活潑的真情真性，真正的愛自然能體現人類高貴的心靈承擔，出於自發自主的掙扎，而不是來自外在道德標準的壓力要求。這其間的分別只是毫釐之差。

其實，自文藝復興以來，許多自由主義和人文主義的思潮都是對教會外在高壓式教條主義的一種反抗。時至今日，社會時興的縱情觀念與某些教會及道德人士固有的教條主義仍然存着很大的張力矛盾。道德人士愈是執著固守，社會大眾愈是反叛；社會新思潮愈是反叛，道德人士愈是壁壘森嚴，形成各走極端。

愛是「仁者」的相知相遇（encounter of two persons）

上一章回溯歷史，歸結出人的自我繫於真誠的互愛關係，人的自我是仁者的自我（being as communion），不是我比你強，還是你比我強，而是人跨越自己，互相尋覓，彼此豐富對方。基於這份理解，愛不是一種固態的觀念，也不是既定的理想狀態，而是多變的動態歷程。愛是兩個多變的主體一場冒險的相遇，愛是一場摔跤，愛是一次又一次渾然忘我的擁抱，是兩手相牽共創的人生歷程。因着愛是動態的，是繫於兩個有靈魂的主體，是變幻莫測的歷程，所以，愛情包含着其理想及現實層面，毋須在定位過高時製造愛情神話，定位過低而使人頹喪失望。

定位過高

理想主義、浪漫主義傾向把愛情定位過高。的確，圓滿的愛情成就了高貴的美麗的生命，可是，人生中體驗的愛情絕少是圓滿的愛情。愛情亦不等於生命，有浪漫主義者傾向把愛情定位過高，很容易花畢生精力在情愛間追逐，亦容易在情愛失落時自暴自棄，或自毀生命。

教條主義很少把愛情定位過高，反而傾向把婚姻定位極高。若你問我，我也會衷心回答你：我相信婚姻是神聖的，可是，我卻不會把婚姻定位過高。婚姻是神聖的，這也是不少教會人士及道德人士的答案。任婚姻輔導和離婚輔導多年，我很認真地反問這句説話的含義，我心底的信念其實相信每個人都是神聖的，因為每個人都是被造的人，於是，也相信人與人親密關係是神聖的，如父母、兄弟姊妹、朋友。情人愛侶的關係更是如此。但現代社會繁複摻雜，相互牽制，婚姻變成一種制度，一種法律制度、一種社會制度。婚姻作為二人的親密結合是神聖的，婚姻作一種社會制度卻不一定是神聖的。

由愛情而誕生的婚姻固然是最理想，但在社會上，實際存在沒有愛情的婚姻，和沒有婚姻的愛情。沒有愛情的婚姻比比皆是，現代社會盲婚啞嫁幾乎絕迹了，可是許多人還是為着許多其他原因，而不是為愛情結婚的，例如：為了便利而結婚；為了獲取居留權而結婚；為了文化觀念「傳宗接代」、「人生必經階段」而結婚；為了實際利益而結婚，譬如找一個生意上的好助手，找着一張長期飯票。沒有愛情的婚姻，就沒有兩位「仁者」性靈的參與。倘若沒有兩位「仁者」性靈的參與，管它是信徒或非信徒，我想在上帝眼中也不能算為神聖。我所認識的上帝是着重精神實質多於形式外貌的。耶穌説，拜祂的不在這山上，也不在那山上，凡拜祂的就要用心靈誠實拜祂。能存敬畏創造主的心，珍惜對方被造的尊貴，以心靈誠實結合的才是神聖的。

都市社會比鄉鎮社會複雜而多樣化，全賴制度去規劃一個人的生活形態、行為表現，教會人士或道德人士有時會跌落多元化的都市陷阱，誤把婚姻這個制度定位過高，而忽略了在呼喊、在掙扎、在淌淚的蒼生。有時為了維護婚姻這個制度，而把人驅逐於基督門外，這是人間最大的諷刺。我體會教牧長者常遇的兩難和心靈的張力，然而，在處理信徒或非信徒有關婚姻的問題，如婚前性行為、婚外情、同性戀、離婚等，第一個首要的原則，就是把人引領到基督面前，而不是首先尋求是非黑白，以判斷、懲罰、定罪的姿態把人趕離基督，好心作壞事。

我想處理兩性關係各種倫理問題是極艱深的課題，但有幾方面原則可以考慮：

一、若教牧遇到弟兄姊妹有婚姻、戀愛和性關係的難題，首先要問，若把這弟兄姊妹帶到基督跟前，基督會怎樣對待他 / 她？

二、堅守憎惡罪，但愛護人的原則。愛護罪人包括了解他的行為動機、背景、心靈需要，尊重他的人性，保護他的自尊，產生深刻的同情連繫，才能有流淚的譴責和愛的包裹。

三、善用社會上已有的輔導資源。人的悔改往往生於恩典和饒恕。

定位過低

現代社會和後現代社會的功利主義、實效主義、享樂主義、虛無主義，都把情愛定位太低，人生的其他價值，一如快感、官能享受，個人的美感追求、個人的感覺，自我的利益、享樂，全部凌駕在人間情愛之上，對人的信任破產，對關係更是持守一種自衛防禦的不信任態度，以性滿足代替了愛，以金錢、官能刺激、身分象徵、煙酒藥物、工作的麻醉去代替親密關係帶來的滿足感。現代人多麼飢渴！

把愛情重新定位

有一次，我問士齊：「我在你的生命層次中，佔什麼位置？」當時士齊全副精神投注在他的博士論文上，彷彿是一個被論文監禁的人，我因此有感而發。他給我的答案，卻令我畢生難忘，他説我屬於他生命的每一個層次，對於他來説，我就是基督。

我被他的説話深深打動，因為他的説話有深刻的體會和智慧。事實上，任何親密關係，都有機會體現愛的巔峰境界，而在無私的母愛、相知的友愛、相依相繫的情愛，「六四」學生絕食犧牲的同胞愛中，實實在在是在歷史亙古中參與了基督創始成終的大愛。人生的意義，盡在於此，這實在是值得我們顫慄和思考的人生真理。

愛情與自我

許多在愛情路上尋尋覓覓的人，常有一種畏懼，就是失去自由、失去自我。在現代都市社會，人的自我意識強烈，自我的好惡、品味、生活節奏、風格都精雕細琢。有些人專用某牌子的牙膏、某牌子的護髮素，討厭某類餐廳、某種音樂。從生活外在的安排，到自我的情緒，都提高了敏感力，於是乎，任何與自我品味、需求、情緒、好惡衝突的情況，都顯得格外尖鋭，較諸五步一舍，十步一屋的小村落，雞鳴狗吠，融融自得，少了一份隨意及和諧。

心理上，都市人被催化早熟，在青年、成年階段，已不斷尋求自我，和摸索自我表達；難堪處，卻是社會一方面不斷鼓吹獨特的個人風格，然而又缺乏了培育人格扎實的穩固信念和根基，自我實在虛浮而脆弱。於是乎，強化的自我意識和脆弱的自我根基，使都市人對兩性親密關係產生既愛且懼的矛盾。

與別人產生親密關係，會否喪失自我，失去自由？愛情會否變成無形的枷鎖，使人飽受約束？這是許多現代都市人心底的疑問。

的確，親密關係是一場摔跤。生命是弔詭的，情愛也是弔詭的。《聖經》上説：凡得着生命的，就失去生命；凡失去生命的，就得着生命。情愛也是如此。

理想的愛情使人能達到自我完成。人的自我感到滿足豐富，不在於物質、成就，自我本質上是存活於有意義的關係之中（self as a relational being）。所以，活在愛中的人時常容光煥發，精神暢旺，使人羨慕。有一個觀念十分有意思，就是「活過來」（come alive）。在一位親密的愛人的珍惜、欣賞和重視底下，人內心某些潛藏的氣質會自然發揮出來（come alive），有時當我們進入一種相知相惜的親密關係，人好像忽然重新發現了自己，重拾自己，甚至喜悅自己，心底總是甜絲絲的，覺得整個人活潑生猛起來。我相信許多人在戀愛中都曾經有過這樣的經驗，覺得自己容光煥發，神采飛揚。難怪與伴侶別離、傷逝，需要這麼長的時間來悼念，因為除了喪失伴侶以外，連自己甦醒（come alive）過來的那部分自我，都隨着伴侶的別離一併死去、失去，所以有無窮的哀傷。

九十年代，法國製作了三部著名得獎電影：《紅》、《白》、《藍》。《紅》片的老法官失戀後志氣消沉，把自己關閉在小屋中，了無生趣，做一些無聊的偷聽電話行為，可以說，他在喪失愛的關係的時候，自己某一方面亦死掉了，活在囚籠中。直到女主角出現，與他有着一種仁愛性的接觸（personal encounter），然後老法官才重獲生命力，有動力告發自己，有願望停止無聊的行為，他終於打開了塵封的車房、穿着整齊，駕車離開小屋，去參觀女主角的時裝表演。終於老法官在愛中活過來了（come alive）。

這樣看來，幸福的愛情，使人感到滋潤，生機蓬勃；而有缺陷的愛情同樣可以使人消沉、衰微、毀滅；有缺陷的愛情，是單有慾望、激情，卻沒有關懷、責任、尊重和知識[1]。這樣的愛情在感受上有時也很刺激、滿足、心盪神馳，可是卻同樣可以把人吞蝕、播弄、囚禁和萎縮，在混亂和矛盾中失去自己，失掉自主，進退維谷。有些人選擇終身專一追隨上主的屬靈生命，如神甫修女，或遁入空門避世，如尼姑和尚。其實，他們可能體會到愛情的魔性使人受苦，寧願完全擺脱愛情。

二人親密的關係是兩人毫無遮掩的面對面相遇，這種赤露敞開是生命多層次的相遇，也是外在生活行為和內在心靈的相遇，彼此是朋友，也是情人知己，甚至是籌算計劃的夥伴和同牀共被的「同屋住」。二人內在、外在空間的重重疊疊，在情意綿綿時有説不出的親切和歡愉，但在彼此糾紛和衝突之時，也有説不出的矛盾和緊張。一個自我根基脆弱的人很容易在親密中被對方主宰和吞噬。然而一個自我頑強而固執的人，卻沒有一種與他者相融的餘地，引致爭執疏離。

每個人在心靈上和心理上都有兩種需要。一種是勇闖和探索進取的需要；另一種是安全感穩固的需要。有時渴望依賴，有時又喜歡獨立，在這種種進退的張力中，形成二人親密關係複雜多姿的舞步。

成熟的親密關係邀請人離開自我膨脹的自我主義，卻又同時維護兩個人個別的人格完整，裏外一致。一個成熟的人不會因此免疫於親密關係的緊張及惶恐，亦不能消除在過分緊張的親密中產生疏遠的願望；只是，一個成熟的人有穩定的內在安全感，亦懂得分辨對方的呼聲和需求，在建立對方的自尊和維護自己人格完整的大前提下，進退自如。

可見，情愛不一定吃掉自我、毀滅自由；相反，真正豐富的愛把人操練成熟，親密關係是一門多麼深奧的學問。

愛情與夢想

「一人有一個夢想，二人熱愛漸迷惘。」愛情會否造就一個夢工場，抑或把夢想毀碎？

每一個人都曾經有過夢想，人自孩提時代，在繽紛鮮艷的貼紙、色彩豐富的童話故事中，已經開始織夢。在青少年時期夢想逐漸成形，在成年時期以生命抉擇、職業、生活形態把夢想體現出來；有時候，人亦會被迫在現實的壓力和種種限制下，把夢埋藏。

夢想是什麼？夢想一方面牽繫於個人的潛能氣質，另方面是對世界的感知和回應。夢想可以說是人自孩提起與世界交往接觸而產生的憧憬和核心願望，也是推動一個人進取前進的生命力量。

一個少年人感知世界顛沛流離，而又有幸碰見可羨慕的偉人榜樣，可能會產生夢想成為革命家、醫生、宣教士、社會工作者；一個敏感而情感豐富的心靈，接觸到世界的變幻多姿、喜怒哀樂，可能渴望成為音樂家、畫家、文學家、藝術工作者。

有些人在成長過程中慢慢將夢想孵化成可以投身的事業，然而更多人的夢想缺乏水分、陽光栽培，於是夢想只有一個含糊的輪廓。例如一個人的志願是可以多關心別人、幫助別人，或者可以自由自在，環宇飛翔。

有一些人卻未能深入地探索或發揮自己的內在氣質，夢想建基於某些匱乏經驗的追認補償，例如要出人頭地、吐氣揚眉，高薪厚職、生活舒適，不再受人白眼，或一洗窮酸悶氣。這是匱乏文化的特殊現象。經濟起飛了的西歐社會，有更多青少年人的夢想是外展的，挑戰自我限制的，如攀登額菲爾士峰，做一個戰地記者，或科學研究員，研究宇宙、海洋、星際的奧秘。

有些人限於一些強大的外在合模壓力，可能從來就沒有成長的空間，也沒有被引導認識自己、感知世界，只不過世襲他人的願望，如父母、長輩或社會的期望，做個成功人士，做醫生、律師、會計師，做一個合流而有體面的人。未曾建立自己夢想，或早年夢想夭折的，最容易在中年以後，或退休時期出現目標真空的危機感，對人生感到莫大的悵惘。

許多時候，人的夢想代表了這個人的生命核心，包括他一生的關懷、他的生命取向，和人生的價值所在。兩個人，兩個夢想，如何在情愛中結合起來？人又會否為了情愛被迫犧牲夢想？

最理想的情況，是兩個親密的人共同建立夢想，但有時候，即使價值觀相近，但彼此背景和天分不同，也會形成夢想各異。如何取捨？我有一些朋友，做丈夫的為了追求夢想，到外國進修神學、醫學、心理治療或美術設計；做妻子的可能喜歡維繫自己在香港結識的朋友，有一個簡單而溫暖的家庭，在外國生活，語言不通，人地生疏，與自己的根源切割，因此寂寞苦惱。有些人結局是進修未畢，被迫執拾行李回港，亦有妻子堅持苦忍到底，終於經濟拮据，生命空虛，形成婚姻很大危機。亦有夫妻兩口子，雙方都計劃進修，只是各有不同的興趣，至終一個在美國，一個在歐洲，分隔兩地。

凡此種種，都造成感情關係很大的緊張和衝擊。我認識一個例子，叫我十分佩服。兩人都是外國著名的心理治療師，追究起來原來丈夫唸心理輔導，妻子卻是出色的音樂演員，兩人都十分忙碌。丈夫在大學教書，平時做研究接個案，到了暑假、寒假可以休息，卻又適逢妻子排期演奏最頻密的日子，一年之中，竟也找不到可以共度假期的時刻。後來，妻子衡量過，要丈夫學音樂，十分困難，反過來她對心理輔導也十分有興趣，她便從頭學起，讀完心理輔導學位課程，又不斷進修，至終夫婦倆拍檔做婚姻輔導員，携手追求夢想。這樣的例子，固然十分罕有，但夫婦為了二人共創夢想，甚至放棄自己的職業，重新學起，使我十分佩服，也使人感到世上無難事，事在人為。

有時候，夫妻雙方夢想不同，也不是最困難的，最重要是能夠彼此欣賞，加以鼓勵扶持，協助對方追求實現他的夢想。反之，倘若夫妻倆夢想層次不同，價值觀相異，彼此違背，這樣對關係就會造成莫大的危機。

譬如說，夫妻一方夢想做一個政治家，或社會運動家，想致力改革社會；而另一方卻單單渴望安穩生活，一個和諧溫暖的家，彼此的夢想互有衝突。渴望穩定生活、小康之家的人，天天容忍丈夫開會辦事，上街遊行，遲遲夜歸，心情一定十分苦惱。

這二人一定要有所協調和轉化。或許，做丈夫的減少前線的參與，多做幕後的謀臣；或許，做太太的也培養家國社會承擔，樂意煲湯煎茶，在背後大力支持，亦以對方致力改革社會為榮，這樣，彼此才能得以協調。

若價值衝突太大，其中一方畢生為窮人請命，另一方心裏暗暗嚮往改善自己物質生活，想買樓買車，生活舒適，環遊世界，享受人生，那麼，彼此衝突的張力必定很大，甚至無法維持雙方感情關係。

有時候，人生的追求很難簡單地評定對與錯，但二人生活在一起，若無法彼此認同，彼此協助，南轅北轍，就會產生悲劇後果。

共同作戰？同牀異夢？

古代傳統社會，女性處於從屬地位，安於相夫教子，亦絕少有什麼家庭以外的夢想，更不要説自己的潛能氣質。在古代社會，夫唱婦隨，夫婦的步調容易調配安排，男性可以堂而皇之發展他以為重要的夢想或事業，而女性亦甘於作一名背後支持和輔助的角色，所以説，許多偉大的人物背後都有一個偉大的女人。

現代社會，主張男女平等，女性冒升為社會的中流砥柱，好些政客、革命家、總裁、校長都是出色的女性。男女平等，角色轉型，不但衝擊着兩性的親密關係，在家庭中的角色分工亦正在醞釀和重新調節之中。在新時代的轉型適應摸索期，兩夫妻的事業、夢想、角色分工產生很大的困擾和張力。到底誰該遷就誰？十年前陪太子讀書的太太比比皆是，時至今天，亦有好些朋友是男方陪太太讀書進修的嶄新模式，亦曾聽聞朋友中有一對思想相當開放的夫婦，嬰兒誕生後，為培育幼兒成長，夫婦二人輪流辭職一年留在家中照顧幼兒，這樣的大膽嘗試可說是鳳毛麟角，但始終說明了兩性廝守的關係擦出了新穎的平等互動火花。

誰去遷就誰？這是沒有客觀標準的事，難道要擲毫決定？通常情況是兩口子把雙方幸福的考慮因素加起來，然後再加上個人的自願，醞釀產生。當中要緊的還要雙方分享共通的言語、共通的關懷和盼望，彼此以對方的成功成就為榮，否則南轅北轍，形成了許多現代親密關係的悲劇。

人生是一段旅程，人生出來便展開了尋覓意義，背負使命的行旅。一個人獨自在人生旅程中尋夢，自由自在，可以全神貫注，無後顧之憂，可是沒有共分享共分擔的伴侶，這樣的旅程也是孤單的，所以，情愛與婚姻是一份恩賜、是一種抉擇，這個伴侶能否配合我的人生步調？能否與我同步前行？我對他的愛和照顧能否與自己與人生的熱愛和追求並行不悖，抑或水火不容、互相埋怨、彼此拖累？所以，有些神職人員、政治特務、戰地工作者、宣教士，他們全神貫注他們認定的人生夢想，單獨前行。

在青少年求偶的階段，有人提出這樣的講法，當一個人選擇配偶時，除了熾熱的情愛、溫馨的感受，他還要想一想，他到底要尋求怎麼樣的伴侶？鴛鴦蝴蝶派？花前月下派？抑或共同作戰派？否則，在愛河中，我們單看見對方的美貌俊俏，然而當熱情冷卻下來了，要應付人生的風浪、實際的挑戰時，才發現同牀異夢。

說到底，終身廝守的愛情本身也是一個高貴的夢想。既然，每一個被創造的人都是一個尊貴的仁者，那麼，我們不是去嫁或娶一個服侍我的僕婢、一個使我體面的裝飾品、一個隨我使喚的助手；而是必恭必敬地迎接一項神聖的使命，從對方父親的手中接來一個可貴的生命，終身保護她/他、愛護她/他，竭力尋求她/他的幸福，彼此尋求對方的幸福，相識相遇，此生不渝。

試想一想，二人頭髮斑白，身體佝僂，回首年輕時曾天真擁抱過的夢，有些因環境夭折了，有些在旅途中破碎了，有些翻過身來體會當中的甜酸滋味。而身畔時刻相隨的有你，在平凡屋邨的小花園雙雙坐在石櫈上，手拖着手，看着夕陽餘暉，感念一生的悲喜，於此足矣！

這豈不是人生最美麗的夢嗎？

愛情與家國

我在前面曾經提過「國家大事、兒女私情」，到底是否正確？愛情重要，還是家國重要？這個問題難答，因為問題問錯了，不是誰重要與否，而是在時局的變遷和壓迫下，愛情很容易被迫犧牲。人類從來不會因為打仗、戰亂、國家動盪，而不需要愛情；相反，人的心靈對愛需要更大。所以《戰地鐘聲》、《魂斷藍橋》、《齊瓦哥醫生》、《天雲山傳奇》都是描述在大時代的動盪中愛情被犧牲的感人悲劇。

本質上，真正的愛情和家國並沒有衝突。理想的愛情是滋長的、擴展的，兩個相愛的人不單會彼此相愛，而且在愛中生愛，推而廣之，愛社會愛人羣，所以，真正沐浴在愛情中的人也會關懷家國、社羣的命運。

可惜，人世間的政權、社會、政局，有時為了私利、競爭、意識形態，有時不但無法保障個人的福利，還要侵奪家庭及民眾的安寧，這時候，愛情也會受到障礙。有些人承擔着社會國家命運，付出生命去促使社會改變，在短促的生命時空裏，多少難免犧牲了家庭，如馬丁・路德・金、昂山素姬、民運分子，這時候，這人就更需要配偶以真正的愛情、忍耐和承托。有時人牽涉在政治漩渦中，更難免殃及妻兒性命，這就是愛情與家國矛盾之處。怪不得清末林覺民意識到自己投身辛亥革命會殃及妻兒，於是忍痛寫出〈林覺民與妻訣別書〉，一字一淚，這個訣別其實也是源於愛。

香港社會，大部分人已經再沒有家國和愛情之間抉擇的矛盾，因為大部分人已沒有家國意識，或缺乏熱情投身改善國家。香港的夫妻，有時倒在移民的抉擇上出現分歧，經歷着掙扎矛盾。有時候，一方說要走，為了安全感，為了孩子未來；另一方說要留，為了自身的歷史感情，也同樣為了孩子未來的國籍身分。眼見很多夫妻為了移民的抉擇，為了未來下半生、兒女的前途而爭執，出現矛盾，痛苦掙扎。若彼此對社會、國家沒有共同的意識和承擔，在命運前途的抉擇上，只有痛苦。

夕陽社會的愛情

在香港二十世紀的後現代社會，除了愛情自身的弔詭性以外，還有一種中、西文化愛情觀參差衝突，並添上後現代科技經濟文化把人物化的現實，交融起來，使人性失落，使人本身的仁愛性（personhood）失落，使二人親密關係的相知相認（human encounter）難以體現。

簡單來説，中國傳統文化相當務實，有時對任何高層次或抽象層次的關懷都會加以排斥，時至今日，我們仍然可以在朋友和輔導個案之間聽到類似的説話：「愛情可以當飯吃呀？」「我這個人相當實際，別與我來浪漫這一套。」或者下意識覺得談情説愛是為求奪得美人心，一旦成家立室，就要以事業為重。這一種務實主義令到有着傳統中國文化的中國人忽略了人靈性、感性的一面，繼而喪失了人原始的善感惻隱、欣賞共鳴等仁愛性質（personhood）。沒有仁者（person）何來相交（personal encounter）？沒有相交，何來愛情呢？

至於西方文化，處於多變和動盪的緊張狀態之中，正如前述，在文藝復興及啟蒙運動、浪漫主義時期，人類激烈感人的情愛觀（intense passion）成為西方愛情觀的底色。然而笛卡兒、沙特等哲學家領導了西方一個自我、自主、自給自足的個別理性人自我觀。這種自我觀碰上經濟掛帥科技社會的衝擊，統統變成孤立的無名者，散落於地球的一隅，每個人要照顧自己，沒有人需要為別人肩承任何責任關係。一夜情、性濫交、婚外戀、離婚再婚的循環，使人淪為彼此滿足的性工具，情愛淪為性技巧，人的仁愛性失喪，掉入無盡的滄桑和空虛之中。有一次，我有機會到美國紐約觀摩，學習一些家庭治療模式，接觸當地人，發現人與人的疏離現象實在恐怖。一位美國人任職律師，丟下十多歲的女兒不照顧，覺得理所當然，這女兒自然也是性濫交的產品。同性戀者可以用十元美金隨意在精子銀行買一顆精子，去製造自己同性戀者的下一代。相戀的情人為了維護自己的所謂私人空間（individual boundary），會認為對方留下了電話錄音口信，就無權再追電話找他，必須等候兩、三天由他自由回覆電話，才算尊重他的個人權。人間的溫情何在？每個人都是結冰的物化的活動體，無法自然地伸出一隻溫暖的手。

香港活在中、西文化的夾縫中，我們會不會不由自主地步上別人的死路？由於這樣的處境因素，我在輔導個案中察覺到有幾方面的影響：

一、自戀式 BB 形態的渴求（narcissistic cravings）；

二、有理性而不通情感，恐懼作出自我探索；

三、有意無意地把配偶當成滿足自己的角色（means to an end）。

好像盧雲（Henri Nouwen）所用的比喻，把對方變成一隻杯子，拿着杯耳，左轉轉，右轉轉，隨意擺弄[2]。這些人格特徵都是人喪失了仁愛性的表現，造成許多有婚無愛，或想愛但無能去愛的悲劇現象。

上面嘗試闡述了愛的美好，及愛情在香港這個社會處境展現的困難和限制，我們如何把愛情重新定位？

我仍然相信真正的愛是人生的原動力和生命的元素，在這個大前提下，真正的愛佔據和滲透人生的每一個層次，包括工作、事業、家庭、國家、社羣。因為有愛的人就是一個「生猛」、有創造力、與人與社會產生連繫的人。有些人以為自己活在愛中，但要生要死，斷絕六親，自我傷害，沒精打采，這種人可能只不過是活在一種自戀的狀況（narcissism）而已。

注釋：

1 Erich Fromm, *The Art of Loving*, Chapter 3.

2 盧雲著，霍玉蓮譯，《愛中契合》（香港：基道書樓，1994），頁 31。

第五章

直到明日世界終結時

婚姻生活藝術的艱深，

不單難在擇偶，

而是每個人每一天都在不斷轉變。

人在相戀時，原是最脆弱時候，
無情亦無愛，也許最有利成就。
流行現代的愛，應該可放也可收，
但愛上你後，何以我卻想，癡戀一生永久？
盟誓跟癡情，人漸已説是陳舊，
緣來又緣去，試多了再沒難受。
流行現代的愛，即使可買也可偷，
但愛上你後，我卻始終找不到藉口。

愛的動力，情的負累

愛情最大的魅力，在於可以尋覓和揀選伴侶；可是，正因如此，人抉擇的得失對錯，會否終身抱憾，最令人困惑和苦惱。即使現代人自圓其説，不在乎天長地久，不在乎離離合合。人非草木，一旦擺上了感情，總是會受傷的，真累人。難怪陳百強滿懷感慨地説：「莫道你在選擇人，人亦能選擇你，公平，原沒半點偏心。」（《等》歌詞）有時候，自負才華氣質，個性極端的人，更容易在情場的選擇中碰得頭破血流，惹人傷感。

心理學上如何解釋異性相吸？在朋友羣中，有些人看來明明天生一對，卻悲劇收場；有些夫婦彷彿「阿媽教仔」，卻其樂融融。若然人心底總渴求一位人生知己、終身伴侶，渴望和諧圓滿，不願缺裂分離，這一生的抉擇，難道純粹一場賭注？

一、尋找那失落的一半

佛洛依德（Sigmund Freud）在人擇偶的行為上，認為人下意識想去尋找補償自己失落的一部分，於是乎，生性優柔寡斷的，被獨斷獨行者吸引；天性順服討好的，被有主見權威領導能力的人吸引；天性內向的，喜歡幽默輕鬆的人；喜歡實際的，被善感愛幻想的人吸引；膽怯的，尋找愛話事的；專制的，尋找千依百順的人。

沒有兩個人，各方面性格氣質是全相違背的，二人相交，必定有一些投緣和相似的地方，但根據佛洛依德的想法，那真正吸引自己的，是對方擁有自己所沒有的某些特質，就好像尋回失去的自我。

柴門文的《東京愛的故事》，曾經傳誦一時，赤名莉香溫柔文靜，卻含蓄保守；關口里美，活潑爽朗，心直口快，大膽外向；而永尾完治和三上健一，一個豪情不羈，一個細心負責。《東京愛的故事》就是關於這四個人糾纏不清的愛情故事。

這四個人的個性刻畫了一些最普遍的心理性格典型。這兩對男女，在尋找共鳴同感的時候，就會找與自己相類性格的對象傾吐心事；可是，另一個性格與自己相反，正好補充自己性格的缺失者，卻偏偏對自己尤其吸引，只是火星撞地球，矛盾重重。《東京愛的故事》其實是一本十分平面概念化而簡單的方程式小說，但因為小說捕捉到異性相近相對、相悅相吸的矛盾張力，故此引人入勝。

籠統來說，一般男女結合，多半是尋找興趣相投，與自己性情相近的，又或者尋找那位與自己異殊不同，補充自己不足的。很可惜，前者會因為大家擁有共同的困難和弱點，把自己的軟弱需要彼此投射在對方身上，而失望生厭。後者追求自己失落的部分，有如月亮追求太陽，卻正正是人愛恨難分的糾纏，是許多彼此排斥衝突的來源。舉例說：一位優柔寡斷的人，被獨斷獨行者吸引，戀愛時，彼此追求愛護，互相欣賞，雙方都看見對方美好的一面。優柔寡斷的看來溫柔忍耐，獨斷獨行的看來堅強，彼此互補的時候正是天生一對，互相嫌棄的時候，卻彼此忤逆，互相牴觸，所謂冤家聚頭；有如刺猬相逢，恨怨重重。

找一個人去彌補自己的不足，是古今恆存的一首怨歌。

二、尋找父母親

異性相吸，「情人眼裏出西施」、「青蛙一吻變王子」，怎樣的人會取悅怎樣的人，始終是一個神秘的謎，就好像人與人之間有一塊潛藏的磁石，在潛意識中彼此相吸。若我們訪問一批初初墮入愛河的情侶，問他們怎麼開始有一份異樣的心情，察覺這一位就是那夢中的情人，有人會說「一見鍾情」，有人說一聽見那磁性的聲音、看見那水汪汪的眼神，一個拿刀叉的動作、一個抛擲薯片的姿態，一副滿懷心事的表情等等，經已觸動那相遇者潛藏心靈某個角落的期待，就好像最敏感的觸鬚，嗅覺出那位期待的人。

許多心理學家試圖研究這些異性相吸的潛意識力量[1]。普遍發現，令我們感到親切的人，都是類近我們早年經驗裏照顧我們的人，尤其我們的父母親，或者保姆。

早年照顧我們的人，在我們心目中印下親切熟悉的體驗，形成一幅心靈圖板，構成我們潛意識對可親可慕者的排斥和選取。許多時候，潛意識的流動力量較諸人意識和理性衡量的選取力量更加強大。

一個人早年與父母親深刻的親密經驗，許多時候，會影響一個人對異性的期望和渴求，於是乎，二人相戀，潛意識在對方身上看見自己父母親的影子，無論正面負面的情感需求都一併投射到伴侶的身上。舉例說：一個被父親嬌縱的女兒受不起男朋友半點約束和批評，又或者一個人有一位苛求諸事的母親，尋找了一位近似母親的權威太太，下意識會形成許多自衛，有可能基於惶恐而唯命是從，又可能由於憤怒而心存抵抗，影響雙方無法親密。

這樣看來，一個人在成長中的未了事，尤其與父母的關係，會影響一個人選擇配偶，和怎樣與配偶相處。

三、「櫥窗購物」現象("Shopping around" phenomenon)

在你所認識的親朋之中，也許你會發現有些朋友不斷在拍拖，不斷換畫，每一次都好像真情投入，卻永遠無法將情感安頓下來，害慘了許多曾經與他相愛的人。這樣的人有如櫥窗購物，很喜歡多番觀摩的選購歷程，可能對每一件拿上手的珍奇異寶愛不釋手，只是下不了決心。

存有這樣不斷「換畫」的戀愛行為者，許多時候，背後藏有許多成長困難，有時候對自我不了解，對自己擇偶的需求不認識，又或者對人的關係無法委身，對感情有一種病態的需要，甚或對異性有一種拋棄的願望。固然每個個案都有自己獨特的因由，不能一概而論，重要的是當事人敢於面對成長的困難，疏解未清的矛盾，尋找生命的答案。

糊塗換來一生淚印

其實，尋覓親密關係的過程，也是一個自我認識的歷程，由此，更加顯明自我在關係中彰顯。集合我多年輔導及對人生觀察的經驗，我願意分享一些體會給大家參考。

我想婚前輔導有兩個層次的教育或輔導。第一個層次是一些實用知識，例如：家庭計劃、性知識、如何理財、家務的分工、姻親關係、處理衝突的技巧等。

另一個層次是深入層次的雙方的人性（仁愛性）的探索。我想人在擇偶行為上大致可分三種形態：一、主動的抉擇；二、被動的抉擇；三、反動（reactive）的抉擇。固然，無論哪一類抉擇，都免不了關係至終的奧秘和冒險成分，可是，能清楚自己抉擇的形態，最低限度可以將潛意識，或其他不明不白的因素摒除，減少悲劇的產生。

主動的抉擇是自己深思熟慮，以成熟的自我認識、內心情感、理性、價值取向、人生品味、直覺，全人投入去作自主的抉擇、有意識的抉擇、負責任的抉擇，生死無悔。

有些人作的卻是被動的抉擇。在婚姻輔導中，我們常常會了解當初夫婦二人如何相遇，如何選擇對方，如何決定進入婚姻。有些人會說：「順其自然，自己年紀有咁上下，他又追求我，又拍了幾年拖，咪結婚囉。」又或者，「我都唔清楚我當時是否喜歡他，但又不是太唔鍾意，咁咪算囉。」又或者「第一次戀愛失敗以後，我都沒有太多要求，求其大家相處得來就算了。」這些答案透露着一種被動的抉擇。被動的抉擇者未能全情投入，沒有精神力量，未經反省掙扎；一旦在關係上遇到緊張壓力，或家庭面臨危機，缺乏一種參與改善和克服難題的動力，有時在婚姻危機上會產生後悔、埋怨和困惑。

第三類型的抉擇是一些反動的抉擇。意思是一個人心底對自己的身世，或其他未醫治的創傷、未了的心願，而產生某種期待、願望、渴求，形成一種強烈的反動。這樣的人表面上看來跟主動的人一樣，積極、熱情、投入、掙扎、進取，但行為的動機卻很大程度受一些潛意識的反動作用驅使。若撇除內心所有心理纏結，可能所作的抉擇有所不同，這種盲動的抉擇很多時亦會帶來悲劇。

讓我嘗試舉一些例子説明。敏兒一直是一個乖乖女，在八姊妹一弟弟中排尾三，她是全家人最信任、最被指揮的一名乖乖女。她成長以來沒有多少次可以為自己作決定，中學畢業想當護士，也被眾家人出於關心批評、勸導、阻止。到她戀愛的時候，她墮入愛河，本來對對方的儀容及一些壞習慣也有幾分排斥，與對方家人更相處不來。可是，對方對她溫言軟語，苦苦追求，她本來有點猶豫不定，家人過分關心的批評、反對、勸導又來了，她想起無法當護士的悔恨，她要長大，她要自己作主，於是一意孤行，後果當然不堪設想。

其他的例子，最普遍的是與家人關係不和，為了脱離家庭而進入婚姻，亦有一些例子為了同情心而投契起來，以同情心作基礎單向結合，有時是藉着對方來補償自己人生某些遺憾，形形色色的反動性抉擇，多多少少違反了一個人的自主性。幸而人生的命運超越了邏輯的必然性，這樣的起點不一定造成婚姻破裂，然而雙方在成長和變遷之中常常產生極大的難題，使人陷於困境。在雙方說出「我願意」這個承諾之前，實在很值得我們自我探索，清理可能有的心理反動，再作出認真的承諾。

人生，果真是一條漫長而崎嶇的路，有如六零年代一首民歌 *Blowing in the Wind* 的歌詞所詠歎的：

How many roads must a man walk down, before you call him a man?

How many seas must a white dove sails, before she slips in the sand?

How many times must a cannon ball flies, before they are forever banned?

The answer, my friend, is blowing in the wind.

The answer is blowing in the wind.

一個人要走多少路，才可以認清內心糾纏的傷痕瓜葛，才可以釐清潛意識裏的糊塗？三浦綾子在一篇小說裏描寫：人的一生有如在雪地裏踏步，走的時候以為自己走得很正確，但回頭一看，卻留下兩行歪歪斜斜的足印。

細味下去，我們豈能憑着那稚氣高傲的愚昧不去寬容自己？回首枕邊下半生的同行者，同樣帶着前塵往事的困頓和限制，豈能不產生極深的體諒與溫柔？

從婚外情説起

什麼是婚外情？就是説在婚姻以外一段濃厚的感情，影響到婚姻關係波濤洶湧。許多時候，我們談及婚外情，都會想到婚姻以外的性關係。性關係反而未必是問題的核心，親密的戀情才是令到婚姻動盪的關鍵。試想，配偶與另外一個人精神戀愛可能比逢場作興的一夜情來得更加致命。

電視台曾播放南極特輯，從地質勘探發現很多熱帶植物和岩石的遺蹟，從此可以推斷千百萬年前，南極也曾是四季如春的熱帶土壤。婚外情也好像一片地底岩石，上面印着的花紋説出了目前婚姻的特質和二人相處的情況。在道德上，發展婚外情緣是對配偶不忠誠，這是不爭的事實，但若我們要了解如何處理婚外情，我們有時要暫時放開道德層面的判斷，存一份關懷同情勘察這塊地底石的斷片印紋。許多時候，婚姻中產生婚外情常代表着對該段婚姻一個獨特的意義，不能千篇一律地看待，若然婚外情處理得好，有時反而幫助夫婦關係躍進一大步。

近年，在婚姻輔導個案中，婚外情佔上很大比例，相信你在親朋口中亦曾接觸過婚外情的例子，有時不禁使人心下一寒，對婚姻的信心大打折扣。婚外情到底怎樣產生？又代表着什麼意義？ Professor Guldner 在一次 Marital Infidelity 的工作坊裏分享十二個婚外情的理論（見下表），真是五花八門，多姿多采。

婚外情理論

缺失理論（Deficit Theory）
神推鬼擁理論（Drift Theory）
瓜熟蒂落理論（Psychologically Ripe Theory）
親疏調節理論（Distance-Closeness Regulation Theory）
生物進化論（Biological / Evolutionary Theory）
拉拉扯扯理論（Push-Pull Theory）
劇本理論（Script Theory）
客體關係理論（Object-Relation Theory）
「忠誠」理論（Loyalty Theory）
個人成長理論（Personal Growth Theory）
強迫性性行為理論（Sexual Compulsive / Addictive Theory）
花花公子理論（Philanderer Theory）

資料擇自 Prof. Guldner, Marital Infidelity 工作坊 1993

不少時候，婚外情是一個警號。對日夕相對的夫婦發出一個訊號，警告當事人他們的婚姻關係已經出了亂子。

亞 May 忽然發現自己與商務上經常往來的亞傑已經發生了超友誼的感情，若果不是亞傑在工作受氣，心情抑鬱，忽然摟着亞 May 大力親吻，還喃喃自語沒有了她不能生活下去，她還在欺騙自己，雙方不過是談得投契的知己。其實她難道不知道自己皮包的暗格已換了亞傑一幅孤獨看海的照片，晚上與丈夫做愛時總是有點心不在焉，而且變得脾氣暴躁，動不動找着丈夫 David 的錯處來發洩？

怎會如此呢？

其實自從 David 開始唸夜校，補讀他的會計牌照學位，一星期有三、四晚彼此不碰面，早上上班又各散東西。早期，亞 May 常常等 David 做好他的夜課回家，等到深夜一時兩時，還不肯睡，嘈吵換來了絕望的眼淚。是亞傑首先敏感地察覺亞 May 紅絲滿佈的眼睛，沒精打采的表情，他陪她去卡拉 OK，去宵夜，去解悶。

亞 May 的婚外情説明了亞 May 夫婦倆生活壓力太大，相處時間太少。

志暉就連自己也莫名其妙，自己對婚姻生活基本上十分滿意，兩口子自結婚以來從未吵嘴，生活波平如鏡，紋風不動，週末有時打球、游泳、看戲，怎麼竟迷迷糊糊地愛上了燕儀？燕儀性格鮮明進取，大喜大怒，又柔弱似水，一起約會時彷彿重拾初戀滋味。的確，燕儀與志暉第一個初戀情人有許多相似之處，他第一眼看見燕儀俯身拾物的姿態，就勾觸起志暉傷痛的失意往事，深陷其中。

看來，祥旺更是百辭莫辯。老婆素卿本事能幹，一家四口，家務打理得井井有條，教導子女又別有一手，人永遠持平説理，禮讓犧牲，簡直無懈可擊。也許，你唯一可以批評的就是素卿彷彿法官和校長，時時刻刻公正嚴明，少了一點幽默感和情趣。祥旺搭上了麻將枱上的葉師奶，她早年喪夫，兒子出國，徐娘半老，但為人豪爽風趣，説話粗鄙，言不及義，仿若涼風吹拂，使人忘卻自卑。祥旺敬重太太是她一副好品行，可是害怕太太的是她拘謹嚴格，無法親近，使他自卑。況且太太最為討厭房事，使祥旺常常遭受一種被拒絕的挫折感。

婚外情往往説明了個人以及個人背後家庭的歷史故事，以及夫婦兩段個人歷史相撞的火花。

現代人真箇要嚴厲告誡自己，才可能免於婚外情，因為現代人生活接觸面闊、機會多、試探也多。一位曾陷婚外情的當事人幾經掙扎，才能放下第三者。他對我說：「兩邊拉扯，自己又滿懷內疚，左面右面都是哭哭啼啼的人，要生要死，好難受的經驗，一生人也不會有第二次。」

凡良心敏鋭，把配偶和第三者都看為可珍惜的人，這樣的人明白婚外情實在是絕不好玩的遊戲。

可是，人在三角關係當中，如何可以脱離？更何堪，有時婚後多年，才邂逅一生尋覓的夢中人？那如何是好？是否相逢恨晚？

我曾經很認真地將這個問題想了一遍又一遍。

我曾經訪問我的相公，問他倘若婚後許多年，他忽然遇見一位夢寐以求的情人，他會怎麼樣？倘若有機緣發展了深厚的感情關係，他又會怎樣？他想一想，説至終會放下那段感情，卻一生抱憾。

這個答案令我很不滿意，追問那人到底是怎樣的一個人。他說出好幾個特質都是我所擁有的，但有一、兩個特質倒是我所缺乏，例如穩定、沉實。我在工作中可以十分沉着而平穩，但在感情的深處，我卻像動盪的小舟，在驚濤駭浪中飄搖；又像不自量力的詩人，飛翔天界，硬要摘那閃爍的星星。可是，他的觀感中，他感到難以捉摸，不得要領，而且要配合我的激烈顛簸，他有某個渴望的自我無法探出頭來。

可惜，他所渴慕的人卻並不存在：要聰明，又要穩定；要成熟，又要多情；適當時候，又要活潑和天真。人就是一個完完整整、有長有短、有美有醜的一個人，不是一堆形容詞加起來的總和。

婚外情誘人處，是由於一種相戀的夢幻感、新鮮感，加上道德所不容的神秘感、壯烈感。而事實上，倘若把這個婚外情人一下子搬進婚內，變成日夕相對的「同屋住」，對方另一些缺點弱點又人性地展現出來，在現實中拆去朦朧的面紗，彼此依舊使對方失望。所以，許多離婚再婚的人，仍然再次踏上離婚的命運。

如何面對婚外情？

對多情的人（多情與濫情不同），我總有一份愛護和欣賞，所以，輔導遇上婚外情的良心敏鋭者，我總是能給與無限的接納和體諒，對其受創的配偶亦寄以無限同情。

在面對婚外情時，我會協助當事人暫時放下兩方面拉扯的張力，找回自己生命的重心。否則，這個三角關係的決定會好像扯大纜被兩頭扯得東歪西倒，哪一面力大，便會往那一面傾倒，作出自己日後可能後悔的決定。

暫時讓兩方面關係鬆弛之後，當事人要作出兩個思考，第一，依循什麼路徑去解決婚外情的問題。第二，依循什麼準則去作決定。口語化來説，就是當事人要進行探索自己陷入婚外情的意義，以致最終作出要脱離配偶或是脱離第三者的決定。我會邀請當事人尊重自己的歷史，先回顧婚姻的歷史，因為在婚姻結合的時候，自己作了第一個決定，與現時配偶成婚；尊重歷史中第一個決定，才有可能做好未來人生第二個大決定，才能做一個對得起自己、對得起別人的頂天立地的人。有些人覺得自己從來沒有做過第一個決定，例如徐志摩的第一個髮妻是由父母安排的，遇見陸小曼以後，他覺得那才是第一次戀愛、第一次做決定，這作別論。二十世紀，大部分人都享有自由戀愛的權利，就享有為自己的自由負責的義務，先放下第三者，回顧婚姻的歷史和婚姻關係。在良好和健全的輔導裏，人往往能對自己對配偶有好些新發現，在淚光中，在愛與恕之中重新開始。

第二個要思考的問題就是，我會問當事人一生人願意做一個怎樣的人，臨死前希望自己留下怎樣的一生？愛的追求是人生一種終極的追求，亦唯有一個人反問自己終極的渴慕才能對應這重大的決定。有些人說：但求問心無愧。有人說：一生人快快樂樂。有人說：看見人間溫暖、世界和平。這都是依據每個人內心不同的渴慕，成為他決定和取捨婚姻的主導原則。

有一次，我與一位好朋友分享我的領悟，我以為真善美在創世時是三合一的，是人類墮落歪曲才把真善美切割分裂。真正的真是美和善的，真正的善也是美和真，真正的美是真和善的。他一向感到與第三者的戀情又真又美，他們堅持着沒有越界，也沒有發生關係，甚至即使發生關係，也是真情顯露的。可是，當他細心反問他婚外情對配偶、對自己，及對親人所產生的傷害，他最終了悟，那些電光火石式的美感，不過是虛幻的火花。愈是嘗試面對人生現實時，逐漸發現自己和對方有許多潛藏醜惡的嫉妒、殘忍和競爭，第三者在心目中美麗的天使形象灰飛煙滅。

面對人間的情愛是人生探索自己靈魂的旅程。面對婚外情，更是煎心熬骨之旅。

我幾乎夠膽説，所有雙方面肯全心全意探討自己婚姻問題的夫婦，都能夠在良好的輔導過程中突破掙扎，二人攜手邁進一步，即使曾經發生婚外情也不例外。

但有少數情形，婚姻是強迫的，或出現暴虐行為，維持婚姻對雙方都造成無法解脱的精神痛苦、肉體痛苦。在這些本來就不是結合的情況，離婚也許是兩惡者取其輕的法子（the choice of lesser evil）。要是經過婚姻輔導，雙方仍決定分手，分手也要有一項神聖隆重的分手儀式。

為什麼呢？不為什麼，因為對方是被創造的有價值的尊貴的人。輔導員可協助雙方設計一些有紀念的儀式分手，向對方表示欣賞、感激，感激多年來相伴同行，在分手前為對方留下一聲祝福。不是說對方沒有傷害自己，不是說對方沒有犯錯誤，只是由於對方是一個被上帝創造的人（person），雙方就以一份尊重和珍惜的態度道別。與第三者分手的情況也是一樣，這樣，可減輕分手後報復、自欺、含恨、內疚等後遺症。

談到婚外情的掙扎時，我整個思想都是環繞對方和自己是一個尊貴的「仁者」這個信念來剖析處理。當事人、配偶、第三者都在歷史時空角色中獲得自主權，與一些社會學和行為心理學主張的，以自我需求為依歸，或條件交換的倫常關係不同。

滲透現代心理學和社會學的倫常關係的價值觀，是以自我追尋為圭臬，例如，近代美國出版一本頗有權威的婚姻輔導著作 *The Evaluation and Treatment of Marital Conflicts* [2]，第一章十分持平地敍述了最典型的西方心理學觀點。

該著作先剖析了婚姻的宗教含義和社會含義，然後闡述近代最流行的個人含義。

「這個觀點認為婚姻和家庭生活處於個人的福樂之下，個人的快樂和滿足感成為一個人決定婚嫁或成家立室的規範的主要準則，也就成了何時及為何終止婚姻的準則。」[3]

於是乎，雙方婚姻的承諾是一種合約的承諾。「婚姻遂變成一紙二人承諾的合約，雙方都心知肚明，婚姻一旦無法滿足自己個別的需要，這合約便可以隨時終止。」[4]

這種條件交換式的合約看來公平合理，卻也充滿商界鐵面無情的交易味道，與彼此承擔投入和生生世世的盟約相去千里。

教堂鐘聲響起，證婚的牧師問：「你是否由現在開始，是福是禍，是貧是富，或健康或疾病，都願意去愛他，去珍惜他，保護他，至死也不分離？」[5]

你是否曾經嚴肅而興奮，又自由自主地說過：「我願意」？

從婚外情談到婚內情，也許，你也開始察覺我相信婚姻是二人親密關係的成熟的體現，是兩個被造的仁者赤裸相遇（person to person encounter），在對方和自己生命的交匯中，在真愛中修補自己仁性的殘缺，救贖彼此的生命（the restoration of true humanity and divinity）。這樣的歷程固然要踏上一生一世。

畢生的共創

二人相遇，決意共度此生，不是從此快快樂樂生活下去的前奏，而是開啟的、探求的、變遷的、畢生的共創。

二人成為一體，難在一加一等如三，就是「你」、「我」及「我們」。當二人攜手，面向同一方向，充滿力量和朝氣時，常常掛在嘴邊的就是「我們」：我們的夢想、我們的憧憬、我們的未來。然而「我們」的背後的「你」和「我」並沒有消失。本來，「你」和「我」是「我們」背後甜蜜的創意和推動力量，一旦「我們」那份共存共榮的甜蜜情意解體，「你」孤獨地面對「我」，「我」孤獨地面對「你」，產生許多尷尬、敵意、羞憤、蒼涼。二人成為一體，談何容易，二人解體，也同樣比動手術還要痛楚。

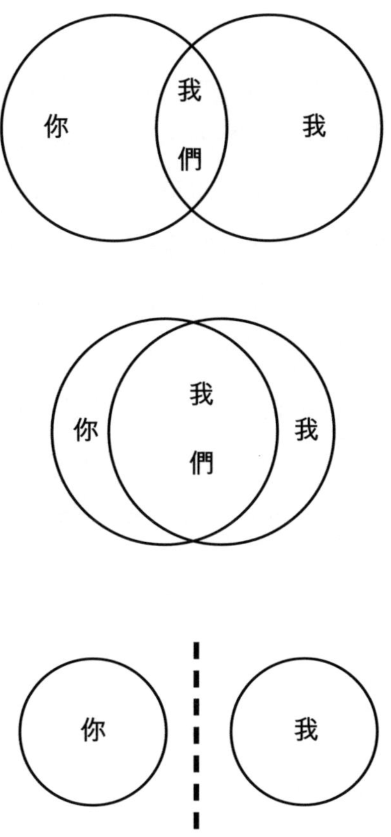
你
我們
我
你
我們
我
你
我

二人親密關係是多層次而複雜的，每一個個體最少帶着三樣複雜的元素：自我獨特的天賦氣質、家庭背景傳統的價值取向、生活習慣和人際經驗，以及大社會的社會價值取向，沒有一個個人可以獨立於天地時空而生存，沒有一個個體可以脫離生存的處境和歷史。於是兩個人、置身的處境、歷史及天賦元素交匯撞擊，如兩條小河匯聚，直奔流入大海汪洋。每條小河自發源地帶來清澈的泉水，也帶來沙石。若沙石堆積，未加清理，會造成河道淤塞，一淌渾水。

從這樣的觀點看來，二人親密關係，或成功的婚姻關係，沒有簡單的技巧、配方和方程式。不是靜止的、無憂無慮的理想狀態；而是辯證的、起伏的、流動的、畢生的共創。

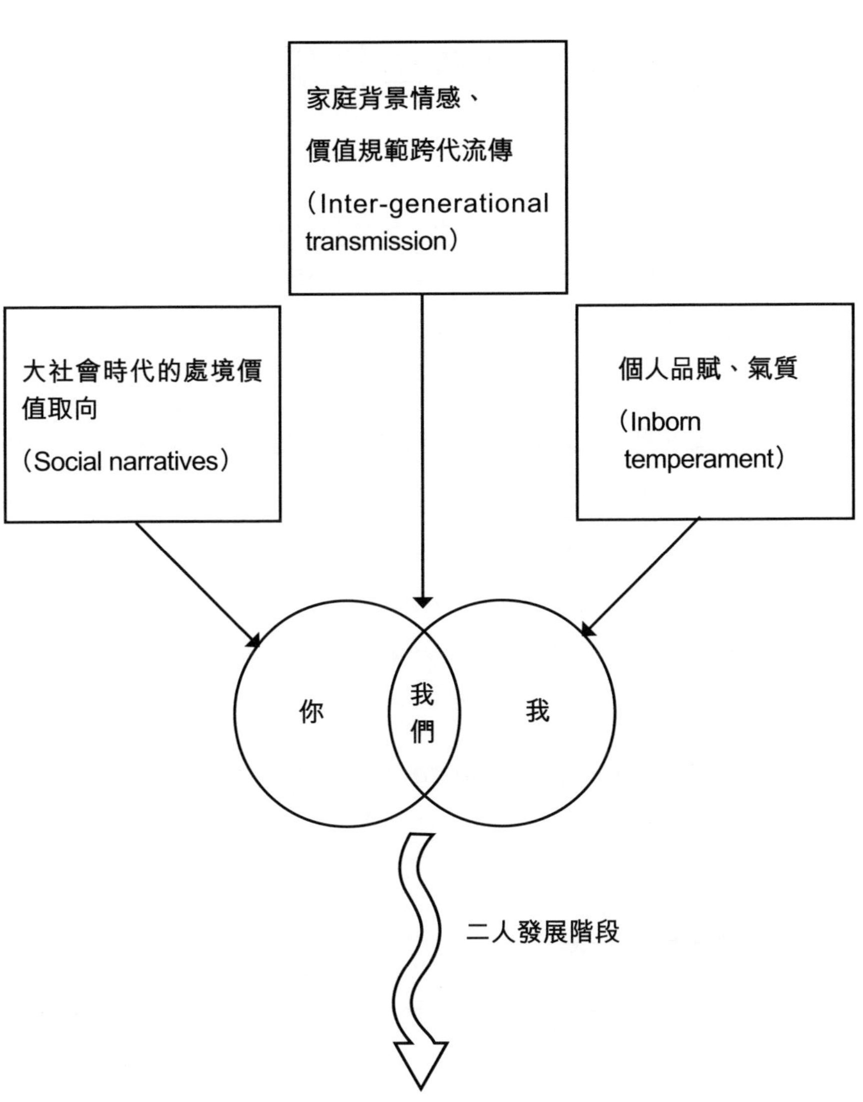
家庭背景情感、
價值規範跨代流傳
（Inter-generational transmission）
大社會時代的處境價值取向
（Social narratives）
個人品賦、氣質
（Inborn temperament）
你
我們
我
二人發展階段

大社會時代的敍事總綱

每一個人有他自己的故事，每一個社會也有它的歷史故事，每一段故事都有其重點、主題、主角、配角、分流、次劇目和旁枝。

每個社會對婚姻關係、情愛關係，都有不同的速寫，封建時代敍説婚姻是以男性為主，女性為附屬。男女結合，主要為完成傳宗接代的責任，二人的情感交流、認識相處，全是次要的事。六零年代、七零年代、八零年代不同的社會中，都有其對婚姻關係不同的敍事綱領。

Israel Charny 在 *Existential / Dialectical Marital Therapy* 中劃分出三種婚姻的信念[6]：

一、傳統的婚姻觀

二人的角色配合，建立家庭單元，強調對家庭及羣體的家庭責任和忠誠。

二、近代保守婚姻觀

二人追求關係和情感素質，可是基礎建立在傳統價值之上。

三、現代烏托邦婚姻觀

二人尋求恆常、高素質的關係和情感生活，尋求經常的喜樂、滿足感，迴避困難矛盾。

因着不同的家庭背景、鄉俗倫理、教育機會，每人背後不知不覺承襲着一套不同時代敘述的婚姻觀。有時，二人相遇，誤以為彼此婚姻觀相同，婚後才發現分歧，造成矛盾衝突。有些人在婚姻起點承襲相同的婚姻觀，但其中一方因教育機會、工作和同儕的衝擊，由一種信念跳躍到另一種信念，二人和諧的協調和期望便大受衝擊。在我輔導的個案經驗中，有許多男性停留在第一種婚姻觀，覺得自己工作賺錢、按時給與家用，十分盡責；殊不知太太工作數年，飛躍至第二、第三種婚姻信念，覺得婚姻情感蒼白，丈夫不解人意，大為失望，甚至心灰意冷，提出離婚，丈夫還大惑不解，申訴無門。

這是自我接受不同社會信念衝擊，產生變化，而對婚姻造成動盪。

歷史重演——跨代家庭遺傳

九三年一位美籍華僑王穎，拍了一部電影《喜福會》。故事內容穿插四個女人的婚姻，以及每位女士的媽媽以及媽媽童年成長及出嫁的遭遇。每一個女兒都形成了不同的性格，與丈夫配搭成不同關係形態，然而每一個女兒的氣質、性格、行為、世界觀，多多少少沾染着母親的影子。《喜福會》以經濟的篇幅，細膩地描寫三代之間穿插的關係，點出婚姻關係成敗一代蔓延一代的歷史線索。

輔導學源流，自家庭治療興起以後，一些家庭治療師如梅寶雲、James Framo、Carl Whitakar、沙提亞等發現個人問題或夫婦關係不和，不單純繫於個人及二人的相交問題，而是淵源自上一代，甚至再上一代傳遞下來的人生體驗。

舉一個簡單的例子，一個年幼的孩童，行為乖巧，功課成績優良，看來事事平順如意，但他總是一面憂愁，不願與人合羣，亦容易對外界人或事產生恐懼。會見孩子的母親就逐漸尋出線索。母親的面容也是帶着一份深沉的憂鬱，整個人像負荷很重，腰肢也挺不直，頭微下垂，即使未曾進一步蒐集母親的家庭背景資料，已經一目了然。一個小孩自嬰兒開始，經常觀察到他最親近的親人一面愁容，充滿擔憂，聽不到肆無忌憚的笑聲，被禁於奔放的遊戲之外，如何不會潛移默化，畏縮恐懼，滿面憂愁？即使毫無爭執的家庭，單從其家庭氣氛的侷促和沉鬱，也可以對小孩子成長造成壓力，甚至在成長的人生觀添上了人生基調的底色，更何況摩擦或破裂的家庭關係，自然對下一代造成影響。

上述的案例，若嘗試以家庭治療的觀念去勘察和了解，一定會開啟得多兩、三代間互相感染的主題和特質。

以香港歷史為例，一八九八年，全港、九、新界正式歸英國為殖民地，但原居民人數很少。直到一九三七年至四一年，爆發中日戰爭，近一百萬人，從中國逃到香港。但一九四五年後，又大批回流中國。直至一九四九年，共產黨正式管治中國，中國大陸才陸續每年以一百萬計的人口流入香港。所以現今香港三、四十歲壯年的香港人，在香港各行各業主理着領導地位，和貢獻社會的人，其實都是一九五零年代自中國來到香港的第一代人口所生出的第二代。這第二代的父母全部擁有一些共同特徵：經歷戰亂和政治劇變所造成民生恐慌、缺乏教育機會、經歷窮困。這就是這一代大部分壯年人士的上一代父母的共同體驗。這批在八、九十年代結婚生子的父母，又生出了第三代。今時今日，我們面對和輔導的青少年人就是在這兩、三代間的體驗沖擦下成長的。

第一代因戰亂、貧困、恐慌，及缺乏教育和社會機會，大部分父母都在尋覓安全港、互相同情、慰藉或救亡相依各種因素下結合的。加上早年在香港開荒的壓力，靠賴賭博、酗酒去減壓，成為許多父母親常見行為。父母為口奔馳，排行最大的兒女被迫在童年時扮演父母角色，照顧比他少兩三歲的弟弟妹妹；及至小學畢業，到工廠做工，供養弟妹讀書，成為十分普遍的模式，排行第二、三或較小的弟妹才有幸免了過早承擔成年角色（parental child）的壓力。

在我的同輩中，大部分朋友都承受着類似的家庭經驗，十個朋友有七、八個的父母都是怨偶，關係不和，或冷戰、或熱戰，雖然當時社會不流行離婚，婚姻只為維持於角色關係，及以子女為中心。夫妻親密恩愛早早蕩然無存，所以我這一輩的人大部分在家庭體驗中，看不到父母作為恩愛夫妻的良好示範。

這個缺乏在婚姻及情愛的追求中，有幾個影響——

第一，在心底常質疑二人彼此恩愛、犧牲、和洽相處，是可能的嗎？常存一種疑慮、不信任的態度。

第二，常常因恐懼自己重蹈父母的覆轍，刻意着力追求一個理想幸福家庭，稍遇衝突挫折，就極度敏感地退縮、自憐、惶恐，怕自己又是另一個失敗者；或者進入另一個極端，敏感他人攻擊憤怒，指摘自衛，形成緊張關係。

第三，由於父母在夫妻關係上惡劣的示範，第二代人甚至害怕或迴避親密關係（fear of intimacy），這種恐懼可以十分根深蒂固，以致容易沮喪，失去動力，不肯面對自己或尋求婚姻輔導。

第四，問題比較簡單，就是缺乏實踐、知識和技巧，有時有心無力。比方説，因缺乏示範，不習慣説親暱的話，不習慣親暱的舉動，不習慣剖白心靈，不習慣和解認錯，在親密關係上，茫無頭緒，只感到空虛孤寂，而不知如何是好。

固然，以上的觀察分析屬於縱切面的概論，個別個案有其獨特的情況，但這些也是綜合的普遍現象。若第二代的子女不能正面疏解上一代傳遞下來的種種困難，又會直接或間接地傳到下一代。所以，有時我鼓勵夫婦尋求輔導，不光是為了自己，也為了下一代。

豈只是二人世界？

很多人認為，兩口子結了婚，組織小家庭，便開始了二人世界的生活。這一方面是對的，一方面也是錯誤的。人成長了，就要離開父母，二人結合，組織一個新天地。可是，形體上是離開父母，但在實質上，每個人都背負着自己的家庭歷史進入婚姻，正面或負面地影響二人親密關係。

近年一些婚姻輔導的觀念，往往不單單處理夫婦二人現存的問題或目前的解決方法，而是追本溯源地對夫婦二人個別的情感素質、行為模式，對問題觀點、期望，以及解決問題的慣性，往其背後的源自家庭（family of origin）整理出一個頭緒來。

亞芳是捱得苦、實幹、事事以家庭為重的賢妻良母。可是，近年，亞成因工作上的調遷，以及第一個小孩出生之後，因教養孩子的事，常常與亞芳冷戰。從前，每逢冷戰，亞成必定在兩、三日內低聲下氣，認個不是，止息干戈，一切恢復正常。但近這一年，冷戰的次數頻密，愈來愈長，亞成也不太肯俯首順心地尋求和諧。在亞成的主觀裏，他覺得妻子愈來愈霸道，踐踏他的自尊，使他感到自己一無是處。

他這一番啟蒙來自一次太太與自己姊姊一個誤會和衝突後，聽了姊姊一番責難埋怨，覺得自己的確十分委屈。從前覺得太太樣子漂亮，又顧家、又實幹，家事大小由太太打理，十分放心；在外遇到困難，太太必定提供意見。所以，就此放下自尊，以「多一事不如少一事」的心理哄哄太太便完了事；然而，心底實在也很介意太太強硬自信的忠告，經常在暗示：他膽小、懦弱、優柔寡斷，真不算一個男子漢！心裏常常感到不舒服。

在太太的主觀來看，丈夫的確膽小、怕事，不能敢作敢為。她憑自己自小學三年級便輟學，出社會謀事的半生體驗，知道「我不欺人欺我」，必定要強硬冷靜，先發制人。她常常忠告丈夫，忠告對她來說就是她表達愛意的方法。她心底以為心肝肺腑都已掏出來，押給了這個家，而丈夫還是懶洋洋不肯努力嘗試，反而常常讀報紙、打遊戲機，冷落了她。從前大家發惡吵架，丈夫必來好言相哄；現在即使惡言相向，丈夫仍舊無動於衷，使她傷心失望。愈是傷心失望，人就變得愈是暴躁、「惡死」，丈夫愈是冷漠遠離。

追究亞芳的源自家庭，她排行第三，最大的是哥哥。家裏重男輕女，大哥於大小家務一概不理，一副少爺相；排行第二的是姊姊，但姊姊「腳頭好」，一出世「帶挈」父親得了一筆橫財，所以，父親也特別偏寵姊姊。於是乎，家中大、小事務一概落在亞芳身上，還要負責照顧三個弟弟妹妹。父母親當小販，她就儼如一個小小的母親，可是亞芳這個小母親有責無權，常遭大哥二姊指使，工作偶有差錯，父親必定打罵，母親噤若寒蟬。所以，她自幼積累許多憤怒，更瞧不起退縮怕事的母親，因為母親的退縮多少支撐了家裏的不公平現象。她為了爭一口氣，爭一個出頭的日子，實務實幹，力爭上游，總算在工作上連連跳升，卻樹了許多敵人，於是乎，她對人更是防衛不信，常常處於戰爭狀態，唯一寄以厚望的是家庭、丈夫。只可惜亞芳從未體會過安全、接納、溫暖，也沒有得到過愛的示範，於是她愛丈夫的方法依樣畫葫蘆，一樣是以指點、指摘、批評、質問去表達她的愛意和忠告。另方面，亞芳自幼缺乏別人重視和愛護，內心十分脆弱和敏感，一、兩個動作，一、兩次拒絕就使她立即孤立疏離，豎起毛刺，準備咆哮，但心底裏抑鬱淌淚。可惜，她家裏不許小孩流淚，她是連流淚都不懂，以咆哮代替眼淚，把丈夫愈推愈遠。

丈夫的家庭自然亦有他個人的家庭故事、性格的死穴和盲點，這裏不詳述；但無論如何，即使夫婦雙方帶着多少決心、愛意和誠意，未處理上一代遺留下來的包袱，那遺傳的包袱有如一隻小鬼，使二人無法親愛。

仔細分析起來，源自家庭對小夫妻有幾方面的影響。

一、家庭氣氛塑造了人的性格基調

家庭的貧富、人口的多寡，都不是最重要因素，最重要是夫婦倆，即父母率領下的家庭，氣氛如何。

我有一位朋友，她家庭背景也是十分貧困，在木屋區居住，然後搬往徙置區，在那裏成長，小時候父母也有不和，然而整體上家庭氣氛是融洽、自由、歡愉的。木屋區有老鼠和蟑螂，母親與他們兄弟姊妹一起創作追殺老鼠和蟑螂的各種絕技。即使窮得連褲子也買不到一條，母親還是出盡心思解決困難；偶有哭聲，基本上是嘻嘻哈哈的。所以，這樣的家庭氣氛，給朋友調了一個暖色的人生觀，有如棗紅色，她可以為貧窮者打抱不平，但對世事充滿好奇暖意、喜樂和勇闖的。反之，另一位朋友，家庭並不太窮困，但家裏充滿不明文的規條和拘束。不能符合爸爸暗中訂下的高水準行為的話，那個人就會感到受鄙視。家裏人也不多，話也不多。媽媽常常滿面愁容，家裏彷彿包藏着許多秘密似的。家庭氣氛是拘束的、嚴峻的、不准稍有差池的、冷漠的、隱藏和傷感的。這樣的家庭氣氛為朋友調了一個冷色的人生基調，如灰色，朋友成長後的性格氣質常常充滿傷感。

二、成長環境的經驗模造一個人的行為模式

一九九四年，有一份調查研究，研究在父母不和的家庭成長的孩童的反應，如何影響日後行為模式和生存的適應。[7]

據該研究觀察所得，若父母經常口角，使孩子在憤怒、衝突的環境中長大，這樣的兒童通常會有三種適應的形態。第一種反應是對父母的煩惱異常投入和關懷，這類小朋友內心常存默默的憂愁和憂鬱，感到世間有一份沉痾難以解決。

第二種反應是由於受父母的衝突鬥爭影響，內心常存憤怒和矛盾心理。這一類小朋友對衝突、憤怒、不公平異常敏感，容易產生不安和激烈反應。在朋友之中，他很容易展露多樣化情緒，如憤怒、不安或興高采烈；可是，他們有時即使在微笑，但內心仍舊不快樂。他們亦難於控制自己的情緒，容易狂哭、打鬥，或引發侵略性行為。

第三種反應是麻木不仁。這類小朋友很容易被人忽略，他們沒有憂愁或憤恨的情緒，只是把自己封鎖在自己的世界中，對別人無動於衷，對友儕難以投入、同情或共鳴。

由此可見，上一代的爭執對下一代的性格塑造、情緒影響，實在息息相關。

三、家庭成員（尤其父母）應付問題的方法對個人日後適應問題的啟示

從來沒有一個人一生是平順無阻的，只是有些人資源較豐富、際遇較好。那麼，一個人走過一生，最關鍵的還是面對問題的態度和處理手法。這會對子女有深遠影響，綜合起來，大概可以歸納幾種形態：

(1)「難不倒我」型

如果父母中有一位持這種態度處理問題，子女就會承襲了信心、積極和進取。這類父母表現出一切難題絕對難不倒我；我硬是不怕問題太難，只怕自己不肯克服；天下無難處，只怕有心人。

夫妻其中一方有這類父母，一定是處理問題的高手，快捷而有效率；但有時會瞧不起能力較弱的人，對人容忍亦減弱，同情體諒亦減弱，急躁及傾向追求完美。

（2）「逆來順受」型

這種形態的父親或母親，常常咬緊牙關，吞得滿肚淚水，甚至常常木口木面，沒有煥發的精神和活潑的風采，人生是一場大病似的，每天都是勉強地捱着。

夫妻其中一方若承受父母這種處事態度和人生觀，他的強處是容忍力和接納能力特強，事事能夠順應遷就；但人的自我被壓縮，不能發揮獨特的個性，心靈深處有着莫大的難受、委屈和被孤立的感覺。

（3）「靠人不如靠己」型

存這種形態者，心底對人不信任，多半是在親朋的互動經驗中觸礁，很多苦水，既然人生煩惱中不會有人協助扶持，不如專一單靠自己，不靠他人。這樣的人一樣進取、積極，以克服問題去報復周圍親朋的遺棄，心裏有許多苦毒。

夫妻其中一方繼承父母這種處事的態度和人生觀，基本上是一個外強中乾，內心很苦的人。在處事方面可以有魄力、獨立、能幹；但在情感關係上缺乏安全感，不敢信任人；肯幫助人卻不肯接受他人幫助，愛侶要向他表示愛是千難萬難的，與他親近的人常常有種被拒絕的感覺。

(4)「駝鳥政策」型

駝鳥遇見危難險阻就會把頭埋在沙裏，看不見危難就安慰自己危難已經解除，持駝鳥政策的人常常把難題拖延、迴避，從不肯正視問題，怕難、怕苦，相信不斷拖延，問題自動會消失。這種人的心深處其實是極度怯弱，沒有自信，自我形象偏低，怕失敗帶來被嘲笑、被踐踏的後果，寧願不嘗試，也不想面對失敗帶來的難堪感覺。

夫妻其中一方若承受父母這種駝鳥處事形態，另外一方必是常帶抱怨，心急如焚，一籌莫展；有時基本上想與愛侶正視他這副逃避現實的態度也絕不輕易，他甚至會迴避面對他這種處事形態。愛侶要從愛心、接納、體諒、讚賞，敢於讓對方失敗，並在他失敗後提供新的體驗，讓他體驗完全的接納和愛作為起點。不是勉強把駝鳥的頭拉出來，讓牠感到自信喜樂，自動把頭抬起。

四、家庭規範（Family Norms）和規則（Family Rules）

家庭由許多成員組成，其實是一個活潑的有機體，要維持這組織，每個家庭都會因應各人需要或文化取向、品味取向、價值取向不明文地訂下了許多行為規範和規則。

家庭規則比較容易理解，家庭規範就是許多家規重疊堆積而成的模範形態。

沒有一個人在家裏掛一塊白板，將家規一清二楚列明，都是在行為的實驗和嘗試、碰釘後，在權力和決策劃分中久而久之約定俗成的。所以，我們身在家中，無形中守着家規，卻誤以為所有家庭與自己有一樣的家規，婚後看見愛侶與自己行為差異，錯愕不已。

讓我嘗試舉一些家規的例子：

1 未稱呼所有長輩，不能進膳；
2 未曾穿戴整齊，不能見客；
3 不能反駁 / 反對長輩的意見；
4 不准流淚哭泣，因為是弱者所為；
5 只准表達歡愉，不准承認及表達負面情緒，如憤怒、恐慌、憂傷等感情；
6 不准詢問大人的事情；
7 家人有矛盾衝突，不宜公開處理，只可隱藏；
8 凡是不明白的家事，不准發問，只准猜測；
9 家務只屬於女孩子的事。

隨意舉了一些家規例子，可能與你的家規相似，可能並不相似。家規累集，就會形成家庭規範。有些家庭規範平等、輕鬆、開放、自由；有些家庭規範嚴格、侷促，長幼分明，權位清晰；有些家庭規範互助互諒，重支持；有些家庭規範鬆弛、含混；有些家庭規範重情、重熱鬧，尊重羣體，犧牲個人；有些家庭規範重客觀、重事理、重個人自主，拒絕感情用事。總之，不同的家庭有不同的家規，形成不同的家庭規範。

有時夫妻的衝突純粹來自不同的家庭規範。志榮家規少，家庭規範重事理、重自由自主；燕芳家規繁多，幾乎所有行為皆有家規規定，例如節日誰該到誰家裏過節，又該守什麼禮儀，一家人熱鬧重情，事無大小，都在飯桌嘻嘻哈哈的交流。於是志榮每星期都要陪燕芳回娘家，有時趕不及買生果、禮物，彼此又爭執一頓。志榮在燕芳家裏吃飯，渾身不舒服，但覺嘈嘈吵吵，內容瑣碎，「囉囉唆唆」，因為與志榮的家庭規範有很大出入。若燕芳、志榮不能從家庭規範的角度理解彼此期望的衝突和差異，就會視為對方對自己不夠愛心、不夠重視，甚至埋怨對方嫌棄自己家人，演化成更大的矛盾。

注釋：

1 這些心理學家包括：Fairbairn(1952); Framo(1981); Sager(1976); Hendrix(1988); Scharff & Scharff(1991)。參 Mark A. Kample, *Evaluating Couple*, (N.Y.: Guilford Press,1991), p.11。

2 Philip J.Gueuir, Leo Fay, et al, *The Evaluation and Treatment of Marital Conflicts*, (N.Y.: Basic Book, 1987).

3 同上，p.16。

4 同上，p.17。

5 摘自 *Book of Common Prayer*。

6 Israel Charny, *Existential/Dialectical Marital Therapy-Breaking the Secret Code of Marriage*, (N.Y.: Brunner/Mazel, 1992), p.61.

7 E. Mark Cummings and Patrick Daries, *Child and Marital Conflict-The Impact of Family Dispute and Revolution,* (New York/London: Guilford Press, 1994), Chapter 3.

第六章

風雨同路

二人關係錯綜複雜，

實在沒有簡單的是非對錯。

愛的密碼

東歐作家米蘭·昆德拉的著作《生命中不能承受之輕》(*The Unbearable Lightness of Being*)裏面曾經形容兩個人相遇相識相愛,有如兩篇樂章,各自奏起一闋音樂;每一個音樂符號都在其本身的樂章中有獨特的含意,閱讀每一個音符就是解讀樂章的過程。

譬如説,一對愛侶往餐廳用膳,一個喜歡燈光微暗的環境,另一方卻喜歡燈火通明的地方。於某些人,黑暗代表隱晦、不安全,於某些人,卻以黑暗為浪漫、安寧、深邃;有時候夫婦做愛,對於光暗的需求也出現這類音符解讀的衝突。又一如聲音,於某些人,在熱鬧喧嘩的背景成長,喧鬧代表着安全、親切和溫暖;有些人在麻將聲、電視機聲、爭吵毆鬥聲中成長,聲音帶來可怕仇恨的回憶,渴望靜如深海,萬籟俱寂。

每個人都盛載着一代一代的家庭歷史,雕塑了人生的取向、追求、喜好、品味、愛憎;生命的色彩、明暗、規則,形成個別人生命的密碼,唯有以愛的溫柔、愛的忍耐才能全心全意去解讀愛人的生命歷史。兩首樂章匯聚,互相解讀才在曲折波瀾中合奏成一首協奏曲。

我很喜歡這句話：

「真正的愛，是個不太完美的配對，是兩個人共同創造自己來適應愛的世界。」[1]

小河匯聚：愛的戰場

每個人都帶着家庭背景、生活習慣、人生信念、歷史包袱，有如小河沙沙石石，水質泥土，來進入婚姻。婚姻生活藝術的艱深，不單難在擇偶，而是每個人每一天都在不斷轉變，在二人成長和轉變中，如何維繫婚姻關係，那才是最艱深的學問。

你在改變，我在改變，於是乎，問題出現了。在二人相處的分歧和矛盾中，究竟誰該去先改變自己，去適應對方？誰該遷就誰？一個早睡，一個遲睡，誰該首先適應？一個怕光，一個怕黑，誰該讓步？一個喜歡直話直説，急速解決問題，脾氣剛烈；一個喜歡陰柔含蓄，節奏緩慢，凡事細味三思，迴避憤怒衝突，那麼，誰去先體諒對方，誰來首先作出適應？這些都是婚姻關係、二人親密關係中常常產生的疑問。

二人關係錯綜複雜，實在沒有簡單的是非對錯。大多數情形，二人相處的適應不是一個「應該與否」的問題，而是一個能力和認識的問題。誰有能力先認識自己，拓展自己，從而以寬容、接納、愛護去認識對方，帶動對方，開拓對方，共同成長改變？這是二人匯聚的關鍵，這樣子，就沒有了誰委屈誰，誰遷就誰的不平等的矛盾。

婚姻關係的六個階段

《今日心理學》（*Psychology Today*）期刊曾刊載一項研究，當中訪問了二十對結婚二十五年以上，婚姻沒有破裂的夫婦，試圖研究為何有些婚姻會成功，夫妻可以同偕白首。根據這項研究顯示，一般夫婦都要用十至十五年的時間，雙雙滾動過六個波濤起伏的階段，方可達至水乳交融的和諧境界。（見下表）

階段	任務	困難	適應過渡
一、蜜月期 （相依相戀）	彼此照顧、愛護，培養歸屬感。	雙方在獨立生活需要上不一致。	雙方發掘彼此相異之處。
二、期待期 （尋求妥協）	逐漸脫離源自家庭，鞏固新家庭。	在生活時間表上調節彼此的分歧。	學習接納和承認雙方的相異點。
三、權力掙扎期 （尋求控制）	學習化解困難，彼此妥協和共商決定。	可以產生激烈的權力鬥爭，有時容易落入指摘和控訴。	承認雙方有控制和自主的需要，學習了解對方受傷的感受，學習對話和疏解自我矛盾。
四、七年之癢 （作出競爭）	建立個人個性，視配偶為另一個獨立個體。	掙扎獨立，這時期可能會出現婚外情、分居和離婚現象。	學習在關係中解決個人獨立的需求，敢於開放表達需要，承認自我的限制，在關係中建立自我的身分。

階段	任務	困難	適應過渡
五、復和期（尋求合作）	建立健全的自我觀，明白獨立的需要，肯為自己負責任，對配偶坦誠、開放，進入深情關係。	雙方掙扎，進入深情關係，魚水交融，雙方可能發現來自源自家庭無法疏解的矛盾。	危機化為轉機，以雙方相異處，鞏固關係，學習成長，較能掌握雙方的起伏節奏。
六、接納期（和衷共濟）	對自我和配偶建立較穩定的觀念，承擔責任，支持配偶的成就和協助對方盡展所長。	雙方可以保持獨立而維繫的關係，通過妥協疏解衝突矛盾。	接納和認可相依相扶的關係，和衷共濟。

用一種掙扎成長的動感眼光去認識婚姻，認識二人的親密關係，就可免去許多無謂的惶恐和不必要的眼淚。在婚姻平淡的褪色期，不需要抱怨懷疑配偶不再愛自己；不妨與配偶多些約會、拍拖，製造多些驚喜。在懷孕、寶寶出生、轉工、調職等重大的壓力時期，不要誤會對方沒有對自己給與援手，產生恨怨；其實雙方都缺乏糧餉，需要齊心合力、咬實牙關，有若抗戰一樣共同捱過那三年零八個月，切勿再起內戰。

許多人遇到婚姻衝突中最劇烈的階段，便回想戀愛時甜蜜時光，覺得眼前人「貨不對辦」，感到灰心喪志，又或者不自禁地將配偶與異性朋友，或婚外戀人相比，更是大失所望，不斷懷疑自己做錯決定，所託非人。（若然做一個調查統計，可能十對夫婦有十對在長期相處中曾閃過悔恨的意念：自己娶 / 嫁錯了人；若從未閃過這個意念的，自己一定太依賴對方，對方過分遷就自己，正在喘不過氣來。）殊不知，一個人在這劇烈的掙扎階段打退堂鼓，以為與紅顏知己重新開始幸福的新生活，再次經歷蜜月期、摸索期、認知期，整個由誤解而結合，由了解而想分開的掙扎循環便再度重新開始。

《今日心理學》期刊這項研究，其中一個重要的發現，就是夫妻衝突是正常、健康和必然發生的。一對好朋友要相處十年八載才能考驗出友情的分量；手足兄弟要相識半生才能彼此接納了解；父母子女，甚至要經歷一生的愛恨交纏，才認清自己的前世今生，更何況兩顆相依相伴的靈魂？所以，問題不在於有沒有衝突，問題在於遇上衝突，如何處理？

如何處理衝突？

原來衝突是平等親密關係，必然存在的元素，我們最好以平常心處之。平常心並非逃避困難，不肯面對現實的意思，而是一種寬鬆和接納的態度。

有人喜歡冷戰，有人喜歡熱戰。喜歡冷戰的家庭少了一些嘈吵，但查究內心的情緒一樣是一種被對方誤解、委屈、衝撞、傷心而且氣憤難平的感覺。

冷戰者不傷對方，不傷家具，傷心傷脾胃，容易產生極大的頹喪、失望、孤寂感和落寞感，和對方產生極冷漠的情感距離。

熱戰者得到適當的發洩，彼此也痛快地溝通了一些不滿。可是，熱戰者容易因為自尊和面子問題，雙方無法認錯，將憤怒不斷升級，由語言暴力，以至身體暴力，及至產生家庭悲劇。

筆者善於冷戰，不擅熱戰。小時候，深受以和為貴的中國傳統教誨，深諳忍讓的內功。夫婦間產生了衝突，如何是好？我想就自身的經驗、輔導的經驗，及各種心理學知識歸納出實用的處理步驟，提供大家參考，久而久之，到了修心養性的地步，就自然形成一種相處藝術。

一、從演員移位成為觀眾

每一對夫婦產生衝突都因個性、背景不同而有自成一套的模式。有些人一旦感到被攻擊，就會傷心引退，躲進房間裏；有些人當時不肯發難，過幾天借題發揮，指桑罵槐；有些人像爆仗一樣「噼噼啪噼」燒完一串，事後忘得一乾二淨。夫妻只有一方有反應，另一方，又會因着對方的反應再作反應。有些人遇到反擊就會加劇攻擊，有些人卻作軟皮蛇，風花雪月，愛理不理，或分散注意力，讀報紙看電視；有些人看見對方沉默退避，就低首下心認錯；有些人卻因對方沉默甚覺不安全，更加發難。每個人會從源自家庭，或朋友同輩中學會一套應對衝突的模式，所以，最好的方法，是叫自己從演員移位成為觀眾，在一次衝突過後，細心反省觀察自己和對方的反應，了解自己與配偶的衝突模式。以下表格可能對你的觀察有所幫助。

事由	
自己的情緒反應	
行為表現	
對方的行為表現	
自己對對方行為反應	
衝突升級	
衝突降級 / 潛伏	
衝突疏解	

二、退一步，天空海闊

有時，人在衝突之中，彼此攻擊，情緒高漲，失卻理智和自制力。最好的方法是為自己與對方衝突升級前的特徵作一個記號，用以提醒自己，例如：自己每每説完：「好 ，算數。」這句話，就代表自己收藏許多憤怒，忍無可忍，甚至極想報復；或者對方額角青筋勃現，眼珠瞳孔放大，就會動手打人。這些是雙方越界和失去理智前的記號，一看見聽見這些記號就提醒自己退出，給自己空間冷靜，深呼吸，這些都是幫助自己恢復自制力的好方法。

三、為自己的感受負責

「都是你不好，使我……」「若果你沒有這樣做，我就不會……」這是人在衝突中常常給自己講解的邏輯，以求心裏好過一點。事實上，衝突是相互牽引的，對方一定有令你不愉快，你也一定令對方不愉快，用耶穌的話說，我們總是看見別人眼中的一根刺，看不見自己眼中的一根樑木。

故此，最好的方法是不去分辨誰是誰非，而是冷靜下來，體察自己的感受，明白自己的感受，認領自己的感受。這事説來容易實踐難。中國傳統文化教我們迴避感受和否認負面感受，我們往往説不出當時「我憤怒」、「我憂愁」、「我傷心」、「我恐懼」、「我無助」、「我絕望」、「我感到脆弱孤單」，衝口而出的是「我認為你不應該那樣」、「我覺得你可以這樣」。這些掩護色常常使自己無法認領自己的感受。

然後，雙方冷靜下來後，不要爭辯是非，勇敢地用真情，用「我」字描述自己的感受，如：「當你夜歸時，我感到……」這樣，雙方才有空間彼此認識、彼此接納，以淚抱擁。

四、接觸自己的真相

隨時隨刻可以體會自己的感受，認領自己的感受，其實不是一件容易的事，人要經常觀察內省，經常與自己誠實相處，才能夠年年月月的累積道行。

人要認識配偶，首先要認識自己。人平時培養內省和內觀的習慣是一樣很好的修煉。但人在衝突和激烈碰撞中最容易認識自己。

在激動的情緒中，首先給自己一個安全和自由的空間，可以哭，可以笑，可以祈禱，可以呼叫，可以安靜。然後不對自己作出任何干預，容許自己內心的情感和思想流動，聆聽自己內心的獨白。

可能是這樣的：

「我真係冇用，成日發脾氣，小小事就發脾氣，我憎死自己；最衰老婆，偏偏激我，我講過我對自己冇符，我討厭自己。」

也可能是這樣的：

「點解無論做什麼他都不滿意，點解人生這麼難這麼苦？點解結婚仍然好似受難咁，點解人永遠無法離開無邊苦海？」

或者是這樣的：

「點解人人都對我唔公道，連我老公都欺騙我，對唔住我；點解個個都欺負我，小覷我？點解我一生人總沒有好日子過？」

可以仔細地把這些獨白原原本本記錄下來。

有時可以閉上眼睛，容許任何影像、人物、事件浮現，可能是一個塵封的回憶，中學時期的一個老師，童年一件往事、一個夢境。這些斷簡殘章，都提供我們心靈旅程一些重要的線索。

五、情愛的摩天輪

所有衝突，其實都是愛恨的沉積。我們着緊對方，所以我們有期望亦有失望。只是，在電光火石之間，我們利箭橫飛，殺傷了許多心底説不出的好意和關懷。

沙提亞提出的交往的摩天輪（chain of interaction）對我們了解衝突和溝通衝突甚有幫助。

交往摩天輪——沙提亞模式

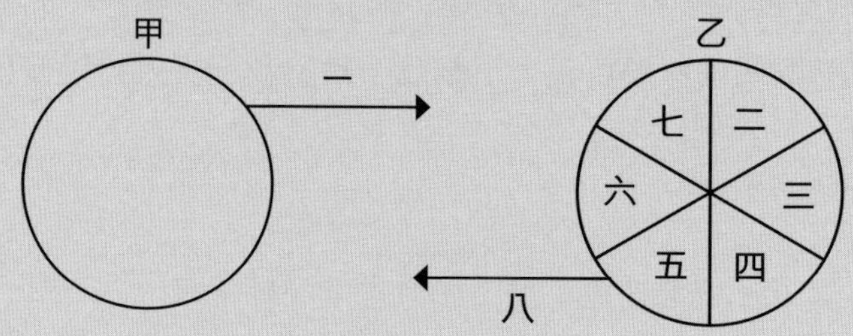

一、發訊人發出信息

二、收訊人以觸覺（如眼、耳、皮膚等）接收

- 我看見和聽見什麼……
- 選取…… →

面部表情
身體姿態
肌肉鬆緊
皮膚色澤變化
氣味
嗅覺
呼吸
聲調、語氣、節奏速率等

三、演繹：通常與過往經驗和學習相關

↓ 產生

四、對演繹的感受

↓ 促成

五、對感受的感受

↓ 再促成求生本能的規律和激發

六、自衛本能

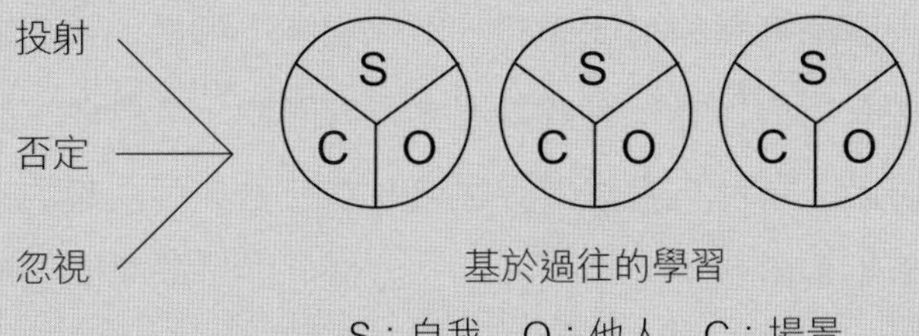

基於過往的學習

S：自我　O：他人　C：場景

七、回應的底層規律

有關：角色、感受等。如：

- 説別人期望的話，看應當看的，感受該當感受的。
- 有待他人批准，選擇安全的行徑。

八、外在行為反應：乙對甲的反應

甲本人亦同樣經歷二至八各階段的步驟。

六、不要壓抑 / 漠視衝突

其實，兩個親密的人所產生的衝突的殺傷力可以很強，但若然處理得當，卻是二人提升和蛻變的契機，因為所有強烈情緒都是來自心靈的深處。

有時候，基督徒、天主教徒和一些傳統儒家及道德學者，都犯了一個毛病，急於叫人饒恕和化解衝突，以和為貴。本來這是崇高的道德操守、倫理精神，可是，卻忘記了人是一個有內心世界，有背景歷史，有限制、有自欺、有困境的立體人。所以，處理衝突和彼此饒恕是一個立體的掙扎過程，而不是兩個毛公仔拉拉手，做個好朋友的平面邏輯。我們有時急於化解衝突，而把衝突壓抑、否認、理性化、迴避、漠視，衝突愈積愈深，反而不美。

愛情呼拉圈

二人親密關係中，除了培養處理衝突的藝術，我們尚有其他方面要注意。其中一樣最容易被人誤解和忽略的，就是二人各自需要空間和私人界限，又能進出自如，彼此契合。

有時候，我們誤會愛是無窮的付出，即是說二人如膠似漆的黏在一起，彼此融化，有如自我泯滅，活在對方的皮囊底下。這可是忘記了愛人如己的真理：沒有自我，不懂得愛護自己，如何懂得愛護別人？

每個人都需要獨處的時間，和自我的空間。空間的意思，就是一個人能自由處理生活、時間、輕重緩急的自主權。舉例說：一個人可以決定放工後，呆坐半小時，或打坐，或做義工，或逛海旁，做任何自己喜歡做的事。所以，二人結合就是「你」加上「我」加上「我們」三個單元。

每個人的空間需要不同，有些人需要很寬闊的空間，有些人卻要別人填滿自己的空間。例如黃先生喜歡夜睡晏起，喜歡讀雜誌報刊，隨時即興做自己喜歡做的事，朋友一個電話就會飛身去幫朋友搬屋搬上老半天，逛 CD 店、看新出電腦軟件又可失蹤大半日；可是黃太喜歡事事有計劃有安排，星期日就開始安排下星期一週的工作，喜歡預早知道黃先生每天有何約會，會否回家吃飯？何時回娘家？週末週日如何度過？她喜歡與黃先生一起吃早餐，一起上班，一起下班，臨睡前一起聊天半小時，分享一天的苦與樂，連做夢也常常與黃先生在一起。

於是，兩個對私人界限和空間感有不同要求的人走在一起，會產生許多不愉快，不能用自我界限劃分和以空間感的角度看彼此分歧，就會誤會對方愛情不專。

「你連吃飯也在看報紙，是不是很討厭與我在一起？我臉上長了瘡嗎？」

黃先生心裏暗想：你整天要我陪你食早餐，吃晚餐，又要讚賞煲湯夠火候，現在連看報紙的自由都沒有，簡直做奴隸，煩死了！

這是婚姻生活中常出現的空間需求的衝突。黃先生沒有錯，黃太也沒有錯，只需彼此溝通作出合理的安排調節而已。我們作婚姻輔導喜歡用兩個呼拉圈，幫助夫婦雙方體會彼此空間感的需求。夫婦各人用一個呼拉圈圍着自己的身軀，然後移動呼拉圈表示自己喜歡保留多少空間，喜歡對方進入自己生活哪些部分，又移動呼拉圈表示彼此協調和遷就的能力，一起體會二人的新生活是一個醞釀再生共創的過程。

彼此體會不同的空間需要後，就需要切實地尋求協調適應，其中最明顯的是時間安排。有時二人各填一份時間表，商議出適合的自我時間運用比例和雙方共用時間比例，清楚列出大家不同的期望、要求，協調實踐，對處理空間需求的衝突有具體幫助。

有時，一個人所需要的空間感是由源自家庭所培養出來的，例如：黃先生的源自家庭十分放任自由，極少家規，自幼就到處走，做自己喜歡的事，幾個兄弟亦各有天地，互不相干。可是黃太出自大家庭，八個女兒，一個兒子，全家人關係十分緊密，家裏十分熱鬧，事無大小都一齊處理，因此，黃先生與黃太的空間需求很不相同，需要重新調節。

我與士齊絕少爭執，家庭生活基本上十分和諧寧靜，凡有意見不合的都是關乎人生意義、社會時事，對事物判斷的大是大非。後來回想起來，才知道原來我倆都賦與雙方極大的空間，對對方的行動絕不干涉，也不介懷。若雙方想要求與對方一起，就主動提出，又互相盡力遷就。原來我倆出自不同家庭，卻同時習慣享有很大的私人空間，父母對我們的私人生活、信件、日記、課外活動、交朋結友都有絕大的尊重，於是，我們也學會用一種鬆弛的態度去尊重調配自己生活的自主權，在這樣互相信任和尊重的氣氛中，我們卻肯主動的彼此分享，無所不談。感謝父母，使我們學會與親密伴侶相處時在空間和界限中出入自如。

你追我走，欲拒還迎

愛侶的關係真微妙，不單在於兩個人個別的個性、喜好，而雙方交往的步調、拍子，彼此的進退、邀請、拒絕、迎接常常形成一個最複雜的制衡制度，好比一場步法多變的舞蹈。

許多時候，我們聽見夫婦一方説：從前我竭力奉迎他、討好他，不斷想挽救婚姻，但他卻毫無反應，好像漠不關心似的；如今他肯付出努力，我已感到意興闌珊了。又有些時候，一些夫婦説，我着緊他，他反而不着緊我，到我擴闊了自己朋友圈子，建立自己的天地，不太着緊他了，他倒反過來電話問候，噓寒問暖，事事殷勤。

原來二人親密關係，常常存着一種親密和疏遠之間的張力。二人過於親密，會有一種窒息、拘束、不舒暢的感覺，因而想彼此疏遠，但二人過於疏離，又會出現冷漠、孤單、空洞的不安全感。於是二人親密的時候，雙方會輪流扮演情感的追求者（pursuer）和情感的抽離者（distancer）的角色[2]，去自然調節彼此親疏的距離。倘若雙方步法協調，便會舞出均衡順暢的舞姿；但倘若雙方關係緊張，或外在壓力太大，例如，丈夫被解僱、升職、搬遷、計劃生育等等，都會形成二人親密的無形壓力。在壓力中，其中一方可能會竭力追求對方的呵護、保護、親近和依靠；另外一方可能由於被需求過甚，而亂了步子，為求平衡內心的凌亂，而着意抽離。追求者可能會因而沮喪、煩惱、發脾氣，更加苦苦相迫；抽離者感內心張力澎湃，無法平靜，更着意抽離。直到追求者傷心、失望，羞憤之下，轉身離去，以抽離作出反動，抽離者能獲得喘息機會，不習慣雙方距離太遠，會由抽離者轉變為追求者，追上前去。

「追求—— 抽離」的親疏協調（Pursuer-Distancer Closeness-Distance Regulation），是 Thomas Fogarty 長期觀察夫婦問題的形態，而體會出來的雙方互動模式[3]。在現實生活中，夫妻和情侶經常跳出這樣追追逐逐的舞步，例如，太太有一個心願，與丈夫分享，設法親近，溫言婉語，煲湯遞茶；但丈夫卻埋頭電腦、報刊，不發熱心、不予理睬。直到妻子沮喪難堪，產生怨憤，關上房門，丈夫察覺事態嚴重，道歉哀求，莫講一個心願，十個心願都設法償還，可能夫妻和好，可能持續冷戰，這些親疏的舞蹈調節得宜，可稱為「耍花槍」，增加情趣；但若積累怨憤，經常失望，彼此保持距離，會形成關係異常緊張，甚至關係破裂。

情感追求者和情感疏離者的角色並不是固定的，彼此會在關係的緊張和鬆弛間互換角色，又或者一個會在生活某一個範疇常扮演情感的追求者，例如：有些男士在性生活上是熱烈的情感的追求者，而在另一些範疇，例如：處理姻親關係、處理兒童入學事宜，就扮演情感疏離者的角色。然而，為了加深了解兩者間的互動，以下將刻畫出情感追求者和疏離者的主要特徵：

一、情感追求者的特徵：

1 渴求高比例的二人時間；

2 較容易流露個人內心的思想、感情；

3 個人的界限比較寬鬆，較容易容許他人進入他的內心世界；

4 生活節奏、情感節奏急促、高昂而迅捷。

二、情感疏離者的特徵：

1 渴求多一些個人獨處的時間；

2 迴避流露個人內心思想、情感；

3 個人界限較嚴密，不輕易容許他人進入他的內心世界；

4 生活節奏、情感節奏緩慢，在關係上慢熱而警覺。

其實，二人關係中，苦苦追求和苦苦迴避，同樣源於內心的焦灼不安，許多期望得不到滿足；許多夢想化為烏有；許多心靈需要得不到補償。人內心心靈深處好像有一個大黑洞，渴求找一個心愛的人，找一段愛情把它填滿，至終，受着「期望——失望——期望——失望」的煎熬，追追逐逐，不得要領。

這個時候，人要學習停止追逐迴避，聚焦自己（self-focus），不假外求，與內心真實脆弱的小孩真誠相處，認識自己，愛護、接納自己，體味自己的軟弱限制，承認人間的不足和空虛，積極為自己負責，充實自己。當兩個個體都能聚焦自己，反省自己，充實自己，邁向成熟時，反而除掉無謂壓力妄想，二人自然親密，無懼無悔。

並非人人都適合結婚

並非人人都適合結婚。我們常常討論獨身問題，並説並非人人都適合獨身；而事實上，也並非人人都適合結婚，這些人糊裏糊塗地闖入婚姻註冊處，及後又哭哭啼啼、喊打喊殺的闖進律師樓簽離婚書。我逐漸明白為何同居有時倒比結婚好一點，因為較為「慳儉」，節省人類資源，也節省紙張文件，比較「環保」。

什麼人不適合結婚呢？我相信以下的人不適宜結婚：

一、尚未發展自己的人格、「仁」性和心靈受蒙蔽、泯滅，尚停留在機械作息的原始動物性階段的人，結婚是累人累己。

二、未懂得以平等和尊重與別人相處，將配偶看為私有財產或利用工具的，不適宜結婚。

三、不懂得承諾，也無法遵守承諾的人。

四、心智精神發展尚停留在嬰兒階段的人，只會叫配偶同時養育兒女及自己，一結婚就開始了單親家庭。

人怎能高攀愛？

我們稍有悲憫情懷，有洞察力和理想追求的，都不喜歡現實，不喜歡現實世界的詭詐、哀痛、無情、缺憾和殘酷。所以，我們也不喜歡知道和承認一個現實——大部分人都不是理想伴侶。

我們過了熱戀中彼此盡力相愛的熾熱妙曼「盲目」辰光，我們就開了眼睛，逐漸看見伴侶的缺憾。

志明是一個脾氣怪僻的人，忽然情緒發作，就可以對人不瞅不睬，誰是他身邊人，就是活受罪，他內心隱藏的炸藥又不知何時才拆解，叫他身邊的伴侶膽顫心驚。

心儀平素能幹、賣力，見義勇為，不平則鳴；但性格剛烈，全無溫柔，對身近的人尤其挑剔，稍不如意，要生要死，把人罵個狗血淋頭。

從來沒有人認識尚勇的另一面，朋友、同事都看見尚勇為人豪爽、慷慨、聰明、有見識、有魄力；卻從沒有人知道尚勇遇到工作壓力、同事的排斥、心頭的挫折，會向妻子大發脾氣，使用暴力。

美蘭是盡責、文靜、隨和的好姑娘，可是她在家裏一天可以睡上兩、三次，從來不肯煮飯，所有事情都提不起太大興趣，着急的時候焦慮失措，放棄的時候懶洋洋。

這些當然是從外表觀察行為，用以描述主觀感受的形容詞，若我們全面了解當事人的家庭背景、生活場景、內心的掙扎，我們會很體諒的說，這只不過是當事人在殘缺的社會、高壓的生活的適應模式；可是受害人也會再衍生受害人，在這些人身邊的人成了第二個受害者，活受罪。

人需要為自己的行為負多少責任，又如何被環境牽累？這是一個神學、哲學和倫理學的問題。筆者暫時不在此談論，但有兩個事實：人在墮落後就處於殘缺不完整的景況，環境侵犯人，人侵犯人，人也被侵犯。自基督來救贖人類之後，人類世界獲得曙光，基督降生公元後這一千九百九十多年來，人類世界都獲得曙光，可惜，只是曙光，未見新天新地。於是，我們就在已然未然（already but not yet）、乾坤亂序的漩渦中經歷着悲和喜。二人的親密關係亦然。

能與一個人携手度過一生一世，同甘共苦，這不單止是美滿的憧憬，也是人類理想關係的圓滿實現。人付出無私的愛、犧牲的愛、包容體諒的愛、自由自主愉快的愛，是人類永遠不可放棄的憧憬，可是，人又如何能高攀愛？

理想關係的實現固然需要兩個理想的人共同參與，我們每一個人都是尊貴和可貴的，可是，事實上，我們每個人都並不符合理想。人善變而不可靠，人充滿膽怯盲目，並且糊塗；人驕傲而又自卑，家庭背景的殘缺複製許多人的歪曲殘缺；社會制度、文化傳統的毛病使人陷入悲劇和悔疚。經典的電影：《濃情朱古力》、《鋼琴別戀》、《日出前讓悲傷終結》，都在刻畫人生悲喜弔詭的情愛現實，所以，我常常感到文學、藝術又比心理學更勝一籌，更能掌握人生多變動盪的真相。

怪不得米蘭·昆德拉繼《生命中不能承受之輕》之後又寫下一本傑作《不朽》（*Immortality*），書中一名天使訪問女主角一個最尷尬的問題：「倘若你可以有機會再次選擇你的配偶，你會否再次選擇目前這一位？」這叫女主角如何回答呢？

十個人中有十個要誠實地回答的話，大概都是「否」的。一方面，由於配偶實在有不完美之處；其次，是自己實在是一個花心人，渴望多嘗不同伴侶相愛的滋味。嘿！多可笑，對方和自己打和，扯個平手，就是同等地不完美。

笑拈梅花嗅

這樣說來，人生不是很悲觀嗎？親密關係，一生一世，豈不是兒童圖書裏面的童話？後現代主義者拆毀意義、憤世嫉俗，豈不是有先知的洞察力？這可以怎麼說？

在我多年嚴肅的掙扎、反省、反問中，我獲得這樣的結論：故此人類、夫婦、情人，都要一生不斷地悔改（continuous repentance）。「悔改」這個名詞可能會令你聯想起一些倒胃的陳腔濫調。但若改用文學名詞就是「自省」、「頓悟」和「擦拭良知」；改用心理學的名詞，就是「提高自覺」、「自我發現」、「改變」和「更新」。

這樣想來，又多麼新鮮刺激，充滿探索的動感。「着意尋春不見春，芒鞋踏破嶺頭雲，啼來笑拈梅花嗅，春到枝頭已十分。」

生命，多麼有節奏、有動力，多麼不可掉以輕心！

如此看來，你説生命是一場捉弄也可，説生命妙趣橫生也可。人渴求自由和親密關係，封建破除了，自由戀愛成功了，人實驗了五百多年自由戀愛，然後開始搖頭歎息，開始害怕選擇，更加畏懼畢生的委託。畢生的委託會不會成為畢生的囚籠呢？新一代人學精了，也膽小了，不敢生孩子，也不敢結婚。

親密關係是兩個時刻在變的個體攜手共創一生的故事，若沒有資源、能量和盼望，這共創的旅程多麼沉重。相反，人若能接駁愛的能源，有信心在不斷的悔改中雙雙改造、變革和更新，在笑語和淚光中彼此體諒饒恕，在幽默和歡愉中有着自由創新的各種可能，該有多美！就如雲依傍山，山依傍水，水滴而石穿，雨後漸見彩虹，在水聲雲影、嬌霞幻化的靜穆處，我們就看見人間和諧中的動態，人相遇相擁的奇逢。

甦醒再甦醒

生命，是一個歷程；二人關係，更是一場波濤起伏的歷程。愛，是一回拯救，也是一場陷阱。人天賦與人契合的仁格（personhood），但完整仁格時常熟睡，需要甦醒再甦醒。在二人關係的起伏和仁格的甦醒中，我們會不斷發現人之所以為人的重心和生命動態的意義。在這個歷程中，你會無可避免一再接駁愛的能源和明白創造的本意。

執子之手

《詩經》有這樣美的詩篇：「生死契闊，與子成説，執子之手，與子偕老。」用現代的語言來説，就是：在生生世世廣闊無涯的人海之中，我遇見了你，喜歡了你，我就如此決意牽着你的手，與你白頭終老。

這份生世之情，是一份豐盛的愛，也是平凡的愛，孤單的愛，《明報月刊》九五年八月號一篇文章〈相遇在死亡線上〉有一段感人的説話：

「絕境中人更能體會到分享和分擔的奧秘，知道歡樂分出去會變大，悲傷分出去會變小，更重要的是，人的死亡只能獨力承擔。」[4]

這是人生不易的真相，所以，在死亡線盡頭之前，何不把握生前這一位人生伴侶，共同分享分擔？

注釋：

1 詳參吳君就著，《人在家庭》（台北：張老師出版社，1985）。

2 *The Evaluation and Treatment of Marital Conflicts*, pp.45-49.

3 同上。

4 〈相遇在死亡線上〉，《明報月刊》（一九九五年八月），頁 101。

第七章

但願細水長流

人在心中要有充足的愛的資源，

其他什麼溝通技巧、

心理常識、

情緒處理才能派上用場。

走筆至此，我好像與你攜手由古代走到現代，瀏覽東方、西方及東西大匯集的香港愛情文化，未知你有何感想？愛，有如驚濤裂岸，其壯觀處，海濤翻飛，其可怖處，把人捲蝕吞噬；又如流螢飛掠，一閃而過的光芒，剩下淵面黑暗。愛情，大概不過是人生的一面寫照。

愛情，是愛的一種表現。人，若能熱愛人生，熱愛別人，熱愛自己，那將會是一個多麼美好的社會，縱然間中或有失足、有遺憾，但總是有能力應付的。

人，總是期求一個輕省的人生（easy life）。可是，人生從來都不是輕省的，人要追求愈大的福祉，就要付上愈大的艱難，幾乎是千古不易的定理。我三歲的女兒，在遊樂場玩耍的時候，能夠不用別人協助爬上更高的一格鐵架，便高興得什麼似的，說：「我不用人幫也可以爬高一層，我大個女啦。」看着她那份成功的體驗，我從心裏感動得落力地為她打氣。我固然看得見她能完成的難題只不過是整個遊樂場極小的一部分，還有更多更大更難的屏障等待她攀爬和跨越，然而我按着她三歲的能力，給與她三歲該得的支持和欣賞。

我們每一個跨越了三歲的人，不也一樣在跨越我們的三十歲、六十歲、九十歲要跨越的屏障？當我們竭盡所能，筋疲力竭的時候，多麼渴望一個永遠願意維護自己的人一陣鼓掌。我們多麼需要一雙溫柔的眼神去欣賞我們的能力，一顆體貼的心去體恤和掩護我們的無能，讓我們能夠神清氣爽的再上路。

「有誰與我同行？」這是被造以來人心底的吶喊。

因為尋覓不到，我們的自尊才欺騙自己說：不稀罕。

是人間，給我們愉快的信念，也是人間給我們縷縷傷痕；是自己，給與自己許多次攀越高峰的動力，也是自己給與自己屢次的挫敗和失望的打擊。

所以，舒伯特説得好：人生沒有想像中的好，也沒有想像中的壞。

如果我們寶貝這個只能夠走一趟的人生，如果我們尋得着永恆的承托，我們就會有勇氣拋下嘻哈打岔的麻醉藥，轟轟烈烈活一場，也許活過來了，我們才醒悟，這一切是為了什麼。

我常常相信最深的話是最淺的，最淺的話也是最深的。故此《聖經》上說：「凡要救自己生命的，必喪掉生命；凡為我喪掉生命的，必救了生命。」

如果你有耐心看完這一本書，我感激你，更欣賞你，因為你跟我一樣對生命、對人有一份癡愚的執著，和說不出的愛，才會不自量力的滾進人間情愛的泥沼，去發掘世間最大的美善和最大的邪惡。在那裏，傾倒眾生。

也許，你與我一般，同樣發問：我們從哪裏再出發？我相信為了我們這頑強的微小的願望，連上帝也微笑鼓掌。

從自愛再出發

愛人如己。我們若不懂得愛眼見的弟兄，就不懂得愛上帝；若我們不懂得愛護那實實在在的自己，更不懂得如何愛護別人。

建立自愛。

自愛，是現代社會早已遺失的一個名詞。小時候，看粵語長片，青少年沾上壞習慣，不求上進，長輩就會責備他們一句：「真不懂得潔身自愛。」

自愛，是人一種很重要的素質。就是人看重自己，尊重自己，因而不敢糟蹋自己，而學會珍惜自己，愛護自己。自愛的人不敢浪費光陰，不肯浪費生命；自愛的人，會得求學問、求知識、求修養，對自己善加珍惜提升。故此，自愛的人由一份對生命的敬畏和珍重開始，自然而然栽培自己許多其他美善的素質。

生命自孩提開始，有着無窮的學習。學習之中有得，也有失，我們得着了智慧便喪失天真；得着了常識，便喪失了好奇；得着了安穩，便喪失了爭競；得着了成功，便喪失了謙和；得着了經驗，便喪失了純真。

在成長的過程中，我們茁壯進步，也同時受成長的蒙蔽。社會的文化、社會的聲音、社會的回饋塑造我們，哺育我們，同時也蒙蔽我們。

六零年代的社會哺育我們堅毅忍耐的美德，卻以含酸受屈來封閉我們的自由；七零年代的社會哺育我們成功和奮鬥的機會，卻以豐富收穫來封閉我們的思想；八零年代哺育我們物質文明，卻以科技規律來封閉我們的情感；九零年代的社會哺育我們安定繁榮的神話，卻以「快錢」(quick money）來封閉我們的自主性。

人，以及人與人之間可貴的關係，不住沉溺。

在成長的過程中，人也承受着種種創傷和打擊，父母第一次的謊話出賣了我們單純的信任，父母的不和撕毀我們對人間和諧的希冀；摯友的離去，同伴的踐踏、嫉妒，試場的競爭，血肉模糊。天真、赤誠、自尊、信任、互愛，在成長的陰影中洗劫一空，餘下自衞、封鎖，對別人的警覺，對自己的矛盾，和適者生存。

如何重建一個人的仁性、自尊和赤誠？如何在陰暗的角落看見光輝？如何在苦毒恨怨中流出第一滴淚？如何在警覺的機械防衞中感受到被擁抱的溫暖？如何在殘缺的苦海重拾希望？如何在孤單中敢於信任一個溫柔的眼神？如何對自我、對人生、對永恆的終極關懷建立自愛的基礎？如何培育自愛？這些大概是現代人不可倖免的一項艱鉅工程。

這項工程有好些途徑：參與成長工作坊，接受心理輔導，重塑家庭對自己的影響；參與查問人生信仰的小組；參與有好朋友推薦的團契小組；登山遠足，鳥瞰大自然，咀嚼大自然的奇偉；閱讀一、兩本值得一讀再讀發人深省的好書；探討一、兩個可以給我們借鏡的歷史人物的生平故事，都是開拓自愛基礎的可行途徑。重要的是，開放自己，肯踏出第一步。上述的途徑，一定有一、兩項你很樂意做的，亦肯定有好幾項你從來都沒有試過的。現時，不妨挑戰自己去做那一、兩項自己最迴避的事情。例如：接受輔導，或讀一、兩本好書。香港社會限制很大，但資源卻很豐富，我們可積極汲取各種資源。沒有人能夠抹掉過去，讓我們在人生歷史的過去中重獲資源，重寫自己的故事。

不懂得愛護自己的人，也不會懂得談戀愛；不懂得尊重自己，珍惜自己的，也不會懂欣賞別人。自愛是愛人的基礎。

從前我們常被困於一個虛謊的矛盾，人若是太愛護自己，就會自私，而不會愛護別人。其實，真正自愛的人，必然會擴闊眼界，必然會思索自己生於世上的終極關懷，必定不會容許自己無無謂謂地度過一生。人不斷單單為自己尋找短暫滿足和快感，並不等同自愛。這樣的人可能未能找得着、建立到自我的核心，只不過在歡樂中熙熙攘攘，在吃和睡及刺激的歡愉中欺騙自己的心。

真正自愛的人，必然容許自己真正面對人生面對自己。人也不是先完成愛護培育自己，才可以開始愛護別人。自愛和愛人是兩相交織的總體，人在愛護別人中，也就完成了愛護自己，沒有人在龜殼中可以完成自愛，都是人在自愛自勵中自願踏步出去與別人來往，愛的接觸和經驗不斷延伸。本書自始至終，所探索所強調的是，人是一個渴求與人交往、相依相繫的靈體（self is a relational being）。正因如此，人間親密關係，若基於神聖的愛與真情，也就促成自我充實的完成。自愛，是自我完成的核心。

相反，不懂得自愛，不認識自己的人，一旦進入人間的親密關係，常常把自己和對方都搞到一塌糊塗。當中的微妙窘境，相信本書各章早已屢屢提及。人間宇宙若非有一位美善而深情的主，叫人能以接駁愛的能源，本書所描述的一切憧憬只不過是一個一廂情願的大謊話，註定接受後現代主義的嘲弄。

不論你是否一位有信仰的人士，容許我衷心的説：人能自愛，必定要能體驗被愛。要體驗無條件的愛，需要接駁愛的能源，認識創造主。

感情的贖價

這是一個真情大拍賣的時代，在這個年代「真情」的同義詞是「傻瓜」。我們在身邊四周常缺乏一些真情動人的故事，真情很難在香港生長，因為缺乏養料。所以，活在香港社會仍然保留真情摯意的人會變成稀有品種，該列為受保護動物，以免香港人的情義瀕臨枯乾。

現代社會，有人説：救救孩子。有人説：救救地球。我説：救救真情真義。

若果你曾赴外國進修幾年，回港後一定有一些感想，就是香港人太粗魯，對人太狠心絕情。一次，我的朋友拖着一大袋重甸甸的書，正在截一部計程車，計程車在不遠處停下來，朋友正苦苦用力拖書，一位青年一個箭步閃身插入來，搶截了計程車揚長而去。我嘗試過挺着五、六個月身孕的大肚子，在眾目睽睽的車廂中，沒有一個人願意站起來讓座，因站立太久，弄得我腰痛得差點兒挺不來。在香港，連小孩子也學會了「打尖」、「搶位」、「佔便宜」、「找着數」，這些恐慌文化心理使人在成長過程中逐漸變成眼中只有自己，沒有他人；在腦海中只有利益計算，沒有真感動；生活只有防衞，但失卻了奔放自由。

感情是天生的，卻可以遭後天壓抑、謀殺、摧毀，成為一個無情無義的木頭人。在經濟掛帥的香港社會生存競爭，最重要的秘訣，是不要動情，不隨便信任別人，在非人性化的商業社會才會活得更成功。這樣的生活現實是十分可怖的。人活在其中，而不自覺可怖，直到午夜夢迴，或夜間躑躅街頭，才體會人生的冰冷和孤單，這正是何以感情需要救贖的原因。

我寫〈問世間情是何物〉[1] 就分析到現代社會有三個特徵將人情物化：科技、消費主義、官僚架構。科技社會使科學價值凌駕於文學，科技訓練出來的大腦是一副不涉及心靈的邏輯系統，分析觀察，冷峻無情。消費社會使人的價值物化，在商場，人一旦失去贏利的交換價值，就會被人辭退；在情場，人不能再提供予對方等量的滿足感、自豪感，就會被拋棄。想深一層，人同物賤，多麼教人歎息唏噓！

布伯形容物質社會的人倫關係為："I-It" relationship（「我——死物」的關係）。盧雲形容這樣物化的人倫關係，視對方為手裏一隻可把玩的杯，執着杯耳，反來復去，任意把玩，何等蒼涼！

怎樣回復真情？這是一件極難的事。有時候，情是一種負荷，是一場冒險，甚至是一番代價。情與社交不同，社交是一套可以依循學習的技巧，情卻是心靈世界的自由波動，只可以開啟、激發、培育，沒有獨步單方。

我想人性和真情，處於人生真像一個連綿的延續體（continuum），不是「加」和「減」的公式，而是「正、反、合」（thesis-antithesis-synthesis）的掙扎融和。

在教會，宗教人士、道德捍衛者，很容易落入一個陷阱，將人情用「加」號和「減」號處理：凡道德行為上是「加」號的、正面的，就不理會這些規條、標準是否壓抑性情、扭曲性情。譬如說，我們強調順服權威是好的，是「加」號的，就容不下真情的批評和反對的聲音。我們強調饒恕是好的，是「加」號，就不能理解人在憤怒、矛盾掙扎中的苦毒恨怨。有時候，教會千篇一律的禮儀、唱詩、讀經、禱告，也會因為其千篇一律而扼殺性情。從外地移植本土的聖詩，音律平板，「拉牛上樹」似的，歌詞佶屈聱牙，如何能把人內心感情引發出來，面對深情的主？有時候，我甚至懷疑上主也會聽到打呵欠！不若來一、兩首輕鬆細膩的民謠小調，更來得精神開朗，心情活潑。更要命的，太着重對錯標準的羣體，會造成參與者一種要表演的焦慮

（performance anxiety），祈禱、讀經、講道，不再是向上帝單純的傾心吐意，而是為聽眾而咬文嚼字。

修養人性，回復真情

西方文化講發展，中國文化講修養。「修」就是對一棵小樹苗的裁剪、修飾，「養」就是灌溉了水分、雨露、陽光，使其茁長。「修養」其實是對人性充滿智慧的認識。至今，我還是認為人本性中有善性、有惡性，其惡性要「修」，其善性要「養」。

人性要回復真、善、美，才能回到創造主起初創造的本意。修養者，意謂要鍛煉，要發揚，要開拓，使人性回復起初創造的真相。這個鍛煉和開啟的過程，是心靈的雕琢過程，不同於軍訓，需要連繫造我愛我養我們的主。

情有其善性，也有其魔性，鍛煉就是發揚情的善性，過濾其魔性。久而久之，真情流露，就會顯露博大深厚的愛，散發溫柔、煥發的力量。

生命的禮讚——共度此生

雲淡風輕，細水長流。

中國人的感情婉約細膩，柔韌而持久。朱自清的〈背影〉刻畫父愛，維他奶的電視廣告宣傳，取朱自清〈背影〉的故事題材，寫老爺子跟孫兒送火車，孫兒在車上想飲維他奶，老爺子多番攀爬路軌、月台，為孫兒買了一盒維他奶，那佝僂的背影帶着多少爺孫深情，孫兒一番感動錯愕，拍攝起來依然細膩動人。

怎可以一生一世？

是的，人間多變，人事多變，人自己時刻在變，如何敢承諾一生一世呢？

「怎可以一生一世？」這個提問有兩層含意。第一層含意，在哲學上，二人親密相愛，是否能夠跨越屏障、變遷，彼此携手一生一世？第二層含意，是現實生活上，要度上一生一世，有何具體可行的方法，去添加情趣，增添生活姿采？

夫婦生活在一起，許多時候，是樸實、平凡、瑣碎而沉悶的。生兒育女，家庭開支，交付電費、水費，聘請工人，挑選學校，工作升遷，人事煩惱，生活充滿煩瑣的實務要求；哪有時間、閒情和心力去逛畫廊，聽音樂會，往鳳凰山看日出、淺水灣看日落？睡前傾談未夠十句，對方已經睡到不省人事。明早大家梳梳頭，洗洗臉，又各走各路，迎上戰場。

日子，是疲累，再添疲累，哪來姿采？

要維持幾十年的婚姻生活，首先得學習接納人生平凡的一面。在接納之餘，添加樂趣。如何增加夫婦婚姻樂趣？如何繼續拍拖？此等教導技巧的書籍，書店坊間亦有不少，大家可以購買參考。

我想着意提倡的，是一種讚頌的生活態度，無論自己以何種溝通技巧、關懷技巧，這態度是心底最重要的一層彈網；是對生命、對配偶、對家庭、對菲傭、對兒女一種讚頌的態度。這層彈網可以保護家庭、對方、自己，也可以彼此飛躍，在千百般沉悶中嘻哈歡笑。

我對生命常存一份讚頌的心情。每天乘火車出外工作時，沿途看見山、看見水、看見寬闊平靜的吐露港，有時陰霾密佈，有時晴天乍露，水面波光粼粼，我總覺得生命可敬可畏，天地奧妙，可讚可頌。

有時我喜歡呆呆的望着丈夫士齊，看見他尖細修長的下巴，一副單純的品質自眉心流露，我望着望着，就忍不着説：「老公，你好靚仔。」有時看見菲傭任勞任怨，為我持家理務，省卻我許多愁煩，我會由衷的稱讚她，"It is so kind of you." 或者買一個蛋撻、或一件蛋糕，請她休息一會，吃一個蛋撻，體恤她的辛勞。對於女兒，更加是偏心得不得了。她們每一個笑容，每一個傻兮兮的言行，甚至頑皮的動作，對我來説，都是那麼寶貝、精靈、乖巧，真是擁吻又擁吻，都嫌不足。有時士齊看見兩個女兒十分趣緻，會自然而然對我説：「多謝你，老婆，幫我生兩個咁靚嘅乖女。」一番甜蜜甜上心頭。

我們當然也有爭執、愁煩、苦惱和困累，有時在激動頹喪之餘，覺得對方前世冤仇，偏偏要氣惱自己，忽略自己。縱然有許多起伏執拗，但每逢別人對士齊有任何一句半句讚賞欣賞，我必定儘快向他轉述；或者自己有任何省悟，覺得實在未懂欣賞他的長處，和體恤他的困難，即使芝麻綠豆，也儘快告訴他，讓他歡喜。二人的親密關係特別折磨人，實在需要許多讚頌、慶賀和欣賞。

在婚姻輔導中，有一些實際的建議，是可以增加夫妻喜悅的感情接觸的，例如：關懷日、寶貝日。關懷日是夫婦各人先寫下十至二十項對方如何使自己喜悅的行動，要簡單實際可行的，如為自己剝橙吃，早上叫自己早晨，與自己一起吃早餐，親吻自己臉頰之類。這樣的表達可幫助對方了解自己的需要。然後定一些關懷日，在那些日子大家輪流選擇一些自願取悅對方的行動，每日做三項至五項，彼此觀察欣賞。這個活動練習的自願性是十分重要的，切勿勉強苛求，否則變成彼此的壓制和束縛，例如，夫妻一方喜歡對方聽自己訴苦，訴說公司人事麻煩，但若一方不自願選取這項，就由對方自由另作選取，不加批評譴責。另一個練習是寶貝日，內容更加有趣，夫婦雙方訂出一些彼此方便的日子，到了那一天，其中一方變成寶貝，能享受一切心願，對方設法體貼完成，務使他感到自己極其寶貝。訂這些日子輪流享受，可以增加彼此甜蜜的體驗和樂趣。

愛的教育

中學時期，讀夏丏尊先生寫的《愛的教育》，當時已感其睿智及先知精神。於今時今日，將人物化、重科技、講經濟效益的香港社會，「愛的教育」更是刻不容緩。人自幼未曾接受過愛的感化和培育，長大了，又如何懂得分享，懂得付出，懂得愛人？本書開始的時候，談到現代人患了愛無能病，這個愛無能病，是社會環境、文化價值促成的，也是人自幼缺乏愛的薰陶所造成的。

在婚姻輔導中，常常遇見夫婦倆內心都有很大的渴求，希望對方能夠愛護自己，保護自己，滿足自己的需要。只可惜兩個人都好像活在沙漠的兩棵樹苗，彼此都渴慕汲水，但雙方內心都缺乏可分享的水分。於是，雙方拚命爭鬥，彼此都是枯竭、暴躁、挫折、失望，即使其中一方本來儲存了一些水分，很快十年、八年就被貧瘠的環境汲乾。

每個人自孩提開始，就需要培養和儲存愛的水分。人在心中要有充足的愛的資源，其他什麼溝通技巧、心理常識、情緒處理才能派上用場，否則，一些心理常識都只是外在的先進零件，卻開發不動內在的引擎。

愛源自人性天生的惻隱之心，人對大自然、對小動物、對其他人自發性的悲憫、關懷。童話故事、文學、音樂、詩歌，在濃縮的文字記述中盛載着至深的情意，所以，我認為文藝教育是人性的必修科。

中國文化，來自儒家傳統，十分強調做好，學乖，側重德性良善，在律例、面子、人情和文化規範底下，很容易為了為善而偽善，強作善行，而寧願犧牲自己的真情、真性、真心。

近年坊間書店流行日本漫畫，少年、成年，人手執一本，其門如市，生意滔滔。我細心觀察反省，為何盛行自然主義的日本文化可以這樣佔據、壟斷市場？當中固然少不了經濟學和社會學的原因。當我細閱日本漫畫的畫面，我察覺一種情感的元素，無論是細膩的畫工，鏡頭的捕捉，都觸動人內心的情性，有時是憂情，有時是戀情，有時是狂情或激情。也許，這種原始情性的元素正正填補了現代都市人日復一日木頭機械化、物化社會中心底情性孤寂的呼喊。

少年時候，我讀《小婦人》、《簡愛》、《基度山恩仇記》、《茶花女》、《少年維特的煩惱》、《野鴨子的黃昏》，在在汲取了許多性情的培育，由於這些性情的波動與一些人生雋永的主題結連上關係，故此，稱之為文學名著。然而，日本文化崇尚自然主義，日本漫畫將細膩的性情與佛洛依德所形容的本我（id）的原始衝動結連上關係，對人的性情赤裸呈現，毫無修剪琢磨，而且縱情、肆情、濫情，有時甚至淪為色慾暴力，一樣觸動人心，可是卻帶領人往血腥、乖張、狂妄、暴虐、癡迷的性情去。

宗教人士對性情的排斥、恐慌，與日本人自然主義中對赤裸激情的膜拜，其實代表千古以來人在性情中動盪的兩個極端：古代以色列膜拜金牛，進行性淫亂，近似日本人的取向；新約時期，法利賽人對性情的禁制和鄙棄正代表教條主義的另一極端取向。

凡觸動性情的活動，人際關係、書刊、媒介，總是對人影響至深。如何進入人原始本性、真情，而加以啟發、修養、昇華，是本土文化探索和人類人格前途的一大課題。

多年前，筆者在探索「問世間，情是何物？」之時，思想到「中國人重情，《聖經》常常說愛。」我體會到人類的情性被挽回，被救贖以後，要從情回歸到愛。

我以為「情縱可以成為慾；養可以成為愛，兩者對人同樣具有征服力。」[2] 西歐國家、日本文化縱情和弄情，中國教會視情為洪水猛獸，採取戒懼拒絕的態度。不懂得養情，如何能產生驚天地、泣鬼神的愛？

到目前，我仍然相信「有情的人不一定有愛；有愛的人卻不可能無情。愛含有情，而愛比情更超越，更含有真理和公義。情是一種自發的被動的回應；愛是在真情回應之中，基於對真理的認識，而作出主動的決志。在上帝裏面，愛與真理是同一件事。」[3]

「愛」是在真理中有意志的主動力量，所以，耶穌說：「要愛你們的仇敵。」(〈馬太福音〉5:44）對仇敵也要愛顧，更何況我們日夕相對的枕邊人？

如果整個社會都接受「愛的教育」，整個社會都關注真理，追求真理，整個社會都修養真情，培育深情摯愛，我們自然不太愁煩情侶相戀，能否一生一世。

愛的教育：對教育工作者的挑戰

既然教育工作是整個社會精神的基建工程，教育工作者對下一代性情愛心的培育實在任重而道遠。回顧過去十多年來，社會已實行普及教育，由九零年代兩間大學提升為全港八間大學，下一代青少年人受教育的機會多了、闊了。稀奇的是下一代青少年的人格素質不見得提升了、洗鍊了。許多人批評現時學生知識水平、學業水平下降；我卻憂慮整個社會文化精神素質下降，這的確令人憂慮。

近年，幼兒工作的素質卻有顯著提升，許多幼稚園較以前重視兒童心理、遊戲的需要，授課的語言和媒介大為創新，大有進步。小女兒三歲多時唸幼稚園幼兒班，老師教她寫個 H 字，説一個公公 I 走在前面，用一條繩 —— 拖着婆婆 I 走在後面，形成一個 H 字。整個寫字的學習帶來輕鬆有趣的想像力，並人倫間相親相愛的意識，這是十分富有感情的授課方法。在該校高班舉行畢業禮，該幼稚園為了傳授人人平等的思想，在畢業禮的表演項目中，不採取甄選制度，以免成績好，或樣子趣緻的獲得挑選，其他小朋友自感不如，於是乎全部高班畢業生一百多人，一隊一隊，一組一組，合演一齣大型舞蹈，一齊歡樂慶賀。對人類平等的教育實踐，相信對小小的心靈會造成美好的回憶。

以上是教育工作者對個人重視的心靈教育及情感教育，我想小學、中學、大學的教師，也該在學校制度、身體力行上反省其中所灌輸的精神，尋求突破。

近年來，幼兒的教育書刊和工具印製精美，篇幅範疇廣闊，兒歌、影片、錄音製作甚多，只是素質參差，與製作人的文化素質、文化背景大有關係；可是青少年的教育讀物，還有一個大空洞，被「日本公仔書」充斥了整個青少年市場。世界名人生平故事，益智感人的童話、詩詞歌賦，需要以精美印製和青少年接受的方式大量流入市場，才可使青少年倖免於暴力、冷酷、色情、無意義追索、縱情逸樂的泥沼。

愛的教育：對傳媒工作者及文化界人士的挑戰

作者、文化工作者、傳媒工作者，很大程度影響大眾的愛情觀、婚姻觀。舉個簡單的例子，所有戲劇、電影、小説所描述的愛情都規範在婚前和青少年階段的男女，助長婚姻是愛情的墳墓的神話，中年夫妻和老年夫妻絕少恩愛和動人的模範。即使婚前青少年的戀情也是有情無愛，虛無飄渺，朦朧浪漫，卻毫無結果。此外，為了收視率和賣座效果，畸戀、殘暴、婚外情、性虐待等遭大肆渲染，青少年耳濡目染的都是對人不尊重，對女性侮辱、玩弄的意識，把人淪為玩物的題材。如何清洗港產片的惡劣素質和視播界的乾枯苦澀、侮慢人性、貶抑人性自尊的意識，是在在令人焦慮的事情。香港實在亟需有承擔、有理想的傳媒工作者開創一條革新的路。

愛的教育：對教會神職人員的挑戰

上主呼召教會作為社會的明燈，教會及神職人員在向思想和情感的深度進發，神職人員實在與教育工作者、社工、醫生等是一樣有高貴使命的職事，但神職人員更肩負開啟羣眾靈性視野的重擔。

試問，一位神職人員每星期花多少時間編寫崇拜週刊，挑選經文，修改老生常談、千篇一律的講章，然後主持婚禮、喪禮、探訪，還有許多行政和實務工作，剩下多少時間自修、讀有深思的典籍、接觸社會脈搏？神職人員的生活方式、角色的次序和工作範圍實在需要很大程度的調整，才能面對現代社會急變而飢渴深刻的心靈需要。

其次，教牧神職人員該首先面對自己全人的需要，醫治自己成長中的人格創傷，也面對婚姻階段中所遇到的困難挫折，在真情真愛、失敗饒恕中有深刻的體會，才更能以裏外一致的心靈體會羣眾，帶領羣眾。

目前，教牧人員在屬靈地位上有一種神聖化的障礙，無法在生命成長中尋求輔導和指引。教會很需要一所結合神學和輔導學，高水準有情有義保密的神職人員輔導室，專門輔導神學生、教牧，或傳道人，在個人、婚姻、家庭上成長的困惑。有這樣一個整全、健康的輔導室，對整個教會的成長更新，會造成一種劃時空的深遠影響。

愛的詮釋——專業神學化

我們常常說，基督是愛的化身，基督升天之後，信徒就是基督的化身。可是，這是一個呼召、一個理想，要理想落實的時候，不但困難重重，而且基督徒在人間血肉的掙扎中，很多時失去方向，又被種種屬靈名詞自欺和束縛，在種種高不可攀的道德要求下罪咎重重。在人間的情愛困擾、婚姻問題上，基督徒沒有任何優惠，與非信徒所遇的困擾不遑多讓。

信徒除了學習積極認識自己、培養自己、治療創傷、尋求輔導之外，整個信徒羣體其實都在尋索一個愛的示範。落實來說，一個在商場成功的商人可以是一個有愛心有真理的人嗎？有愛心的律師、會計、政府官員、藝人、記者、輔導員、老師、醫生、經紀……是怎麼個模樣？

在現代大都會生活的人，生命中絕大部分時間都在自己的工作崗位裏，有愛心，活出真、善、美的理想，在大部分職業上看來都是唱高調，都是遙不可及的幻想。

我們需要對現代社會各種專業背後的信念、精神、結構運作有一種深入的了解，然後找尋共通的語言去與神學溝通，在兩個專業多番來回對話，才逐漸摸索出專業基督精神的落實模樣。所以，我主張所有專業人士進修神學，用神學去批判認知其專業，又用其專業知識去認知神學。只要有一批生力軍肯落實去作這些思想基建工夫，去對話、去將各行各業神學化，人間的情愛才不至於淪為經濟主導社會偷閒吸氣的氧氣袋，而是在生活實踐中露出光芒。

創建新的家庭文化

我有一個夢想，在後現代社會，重新創建一套新的家庭文化。我小學時候認識的一套家庭文化，承襲儒家思想，父慈子孝，兄友弟恭。二十四孝故事在現代社會是過時的，卻滲透着感人的力量，修身、齊家、治國、平天下的人生追求，到今時今日，已沒有人相信或多講。在這二、三十年來，香港家庭體系產生很大轉變，中國大陸的家庭文化在缺乏思想主導中失去形態，台灣與香港全盤接收美國的治療觀念、心理學觀念和日本文化洗禮，是一種變遷中未有定型的家庭文化四不像。

西方自我中心、個人主義及理性主導的家庭文化，在個人自由、平等、權利方面確有其可取的地方，卻是否適宜全盤插枝在中國的土壤？尤其中國人重情和重視倫理關係，該如何在家庭文化中適當地發揚？

我盼望看見中國家庭新文化工作室的誕生，工作室可涵括三方面的工作：高水準的家庭治療及婚姻輔導工作，也包括輔導訓練和實踐；另方面，集合輔導治療師、神學工作者、文化工作者三方面交流對話，創建家庭新文化的思想理論工作。多麼盼望這個夢想有朝一日實現，能一磚一石地默默建築中國家庭的新文化，培養有愛心、真情和真理的新一代。

情愛，是人類關係的基石，家庭關係無論以何種形式存在，總會以血脈、以歷史、以感染力，代代相傳。但願家庭成為一個場所，盛載對人間、大地、萬物一份細緻溫柔的感情、一份熱愛。

注釋：

1 《思想列車》，頁 63-71。

2 同上，頁 67。

3 同上，頁 68。

中文參考書目

《世紀末城市心》，麥成輝著，皇冠出版社，香港，1994。

《還我本性 —— 衝破性罪的捆鎖》，韋約翰著，羅燕明譯，突破出版社，香港，1994。

《羅馬城的小丑戲》，盧雲著，袁達志譯，基道書樓，香港，1991。

《愛中契合》，盧雲著，霍玉蓮譯，基道書樓，香港，1994。

《思想列車》，陳士齊、霍玉蓮著，宣道出版社，香港，1993。

《歌中之歌 —— 愛的樂章》，曾立煌著，宣道出版社，香港，1993。

《創造的愛》，聖羅金著，孫慶餘譯，時報文化出版，台北，1995。

《愛情心理學》，朱一強著，黑龍江朝鮮民族出版社，黑龍江，1986。

《愛是不能忘記的》，張潔著，學林書店，香港，1990。

《人在家庭》，吳君就著，張老師出版社，台北，1985。

《中國人的愛情觀》，余德慧著，張老師出版社，台北，1987。

《中國人的寬心之道》，余德慧著，張老師出版社，台北，1991。

《中國愛情與兩性關係》，何滿子著，商務印書館，香港，1994。

《情之探索與神鵰俠侶》，陳沛然著，遠景出版社，台北，1985。

《金庸小説的情》，吳靄儀著，明窗出版社，香港，1991。

《詩經與現代愛情》，李英豪著，博益出版社，香港，1988。

《文學與性愛探秘》，吳亦文、游玉波著，學林書店，香港，1989。

《元代愛情悲劇研究》，馮瑞龍著，華漢文化事業出版，香港，1992。

英文參考書目

'Why Modernism Still Matters', by Marshall Berman, in *Modernity & Identity*, ed. by Scott Lash & Jonathan Friedman, Blackwell, Oxford, 1992.

The Consequences of Modernity, by Anthony Giddens, San Francisco University Press, California, 1990.

Postmodern Culture, ed. by Hal Foster, Pluto Press, London, 1983.

The Culture of Interpretation-Christian Faith & the Postmodern World, by Roger Lundin, Wm. B. Eerdmans, Grand Rapids, Michigan, 1993.

The Symposium of Plato, translated by Q. Gorden, University of Massachusetts Press, M. A., 1970.

Romantic Love - A Philosophical Inquiry, by Dwight Van de Vate, Jr., The Pennsylvania State University, Press University Park, 1981.

Outlines of Romantic Theology, by Charles Williams. ed. by Alice Mary Hadfield, Wm. B. Eerdmans, Grand Rapids, Michigan, 1990.

The Art of Loving, by Erich Fromm, George Allen & Unrvin, U.K., 1957.

The Adventure of Living, by Paul Tournier, SCM Press, London, 1976.

The Meaning of Persons, by Paul Tournier, SCM Press, London, 1974.

The Gift of Feeling, by Paul Tournier, SCM Press, London, 1981.

Feelings and Personhood, by John Heron, SAGE Ltd., London, 1992.

A Natural History of Love, by Diane Ackerman, Vintage Books, New York, 1995.

Love in the Western World, by Denis de Rougemont, Pantheon Books, New York, 1956.

Me, Myself & I, by Archibild Hart, Harper Collins, U.K., 1992.

Eros, Agape & Philia, Readings in the Philosophy of Love, by Alan Soble, Paragon House, New York, 1989.

The Intimacy Paradox, by Donald S. Williamson, The Guilford Press, New York, 1991.

The Dance of Intimacy, by Harriet Goldhor Lerner, Harper & Rosv, New York, 1989.

The Art of Intimacy, by T.P. Malone, Fireside, New York, 1987.

Couple, by Barry Dym & Michael L. Glenn, Harper Collins, New York, 1993.

Soul Mate, by Thomas Moore, Harper Collins, New York, 1994.

Existential / Dialectical Marital Therapy-Breaking the Secret Code of Marriage, by Lorad W. Charny, Brunner / Mazel, New York, 1992.

Existentialism as Humanism, by Jean-Paul Sartre, World Publishing Company, New York, 1956.